JN087949

まとめ買い＆使い切り！
ラクうまレシピ350

上島亜紀　著

ナツメ社

特売やジャンボパックで
まとめ買いして、
賢く、おいしく
使い切るコツ、大公開‼

　今や週末の大型スーパーは、家族で楽しめるちょっとしたエンターテイメントの場となっています。その中で肉や魚のジャンボパック、野菜の大袋を、安いからと買ったはいいけれど、うちではちょっと使い切れないんじゃないかな…？と不安になったり、パックのまま冷凍して、肉や魚に霜がつき、調理してもおいしくなかったり、野菜も使い切れずに腐らせてしまったりなど、家庭の台所を担っていると少なからず、経験があると思います。私もその一人でした。

　この本は、肉や魚のジャンボパックや野菜の大袋を購入して、上手に、おいしく使い切る保存方法とレシピを豊富に紹介しています。使い切る保存方法は、大きく分けて3つ。1つめは、冷凍作りおき。肉や魚、野菜を切って冷凍するミールキットや下味冷凍、そのアレンジレシピを紹介します。2つめは、まとめて作っておくと便利な冷蔵作りおき。3つめは、食材によって異なる日持ちを考慮した保存方法と時短レシピです。この3つの保存方法とレシピさえ押さえておけば、食材をまとめ買いしても、余すことなく、おいしく、楽しく、食べ切れること間違いなし！　バラエティー豊かなラインナップで、家にある基本調味料、ちょっとだけ買い足す食材などで作れるレシピがほとんどなので、家族構成、家族の年齢などに合わせて、毎日の家族のごはん作りに役立てていただければと思います。台所を担う人が、疲れずに楽しく作れて、家族のおいしい笑顔に癒されますように！

上島亜紀

さあ、
どうやって
使い切る？

3

CONTENTS

Part1

肉のジャンボパックの
上手な保存方法＆
使い切りレシピ

Part 3

野菜を
まとめ買いしたときの
上手な保存方法＆使い切りレシピ

無駄なく、
おいしく

まとめ買いした食材を、無駄なく最後までおいしく使い切るコツ5

節約しながらおいしいものを食べるには、ジャンボパックや大袋を買って、上手に使い切るのがポイント。無駄なく最後まで食べ切るコツを押さえましょう。

コツ1 1週間単位で計画的に買い物をする

買い物リストを作って無駄な買い物をしないようにチェック

肉や魚のジャンボパックや野菜の大袋が安いからといって、どんどん買い込んでしまうと、冷蔵庫のスペースがなくなり、使い切れずに腐らせてしまう…という事態に。特売のチラシなどをチェックして、1週間単位で購入するジャンボパックや野菜を決めて、買い物リストを作りましょう。衝動買いを防ぎ、計画的に買い物をすることができます。

コツ2 買い物から帰ってきたらまずは、下ごしらえ からSTART!!

なるべく早めに、まとめて下ごしらえをして適切な保存を

買い物から帰ってきたら、パックのまま冷蔵庫や冷凍庫に入れていませんか？ すぐに調理するならOKですが、数日放置してしまうなら、その行為はNG！ 買い物から帰ってきたら、なるべく早めに、まとめて下ごしらえをして適切な保存を。水けを拭いておく、ゆで卵や炒り卵を作っておく、野菜を切って冷凍するなど手軽なことから始めましょう。

肉はペーパータオルで水けをしっかり拭き取ると、水っぽくならず、臭みも取れる。

卵は何個か、ゆで卵や炒り卵にしておくと、いろいろな料理に活用できて便利。

魚は塩をふって少しおき、水分が出てきたら、ペーパータオルで拭き取ると臭みが取れる。

小松菜はざく切りにして、冷凍用保存袋に入れて密閉してから、冷凍室で保存が便利。

コッ 3 冷凍ミールキットや下味冷凍を作ってみよう

材料を切って、下味をつけて、冷凍用保存袋に入れるだけ！

肉や魚のジャンボパックを購入したら、まずやっておきたいのが、冷凍ミールキットや下味冷凍。冷凍ミールキットは切った肉や魚に下味をつけ、野菜と合わせて冷凍するだけ。下味冷凍は肉や魚に下味をつけて冷凍するだけだから簡単。本書ではそれぞれ2種類の下味を紹介しているので、その週によって、味つけを変えて変化を楽しむのもおすすめです。

肉に下味を揉み込んで、冷凍用保存袋に入れ、切った野菜を重ねてのせ、密閉して冷凍室へ！

肉や魚に下味を揉み込んで、冷凍用保存袋に入れて密閉して冷凍室に保存。

作っておくと、こんなイイコト！

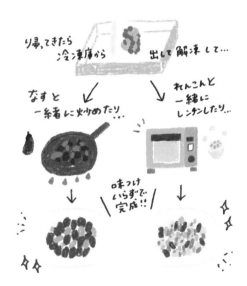

疲れて帰ってきた日は、ミールキットを加熱するだけで1品完成！

疲れ切って帰ってきた日は、メニューを考えたり、食材を買ってきて調理したりする気力も体力もない。そんなときこそ、ミールキットの出番。凍ったままフライパンで加熱して、あとは完成を待つだけです。

味つけいらずだから、野菜と一緒に炒めるだけ。ごはん作りがラクに！

下味冷凍があれば、ぬるま湯解凍をしたあと、お好みの野菜と一緒に炒めるだけで、おいしいおかずのできあがり！ アレンジレシピも豊富に紹介しているので、料理のバリエーションも広がります。

コツ 4 時間のある日は、冷蔵作りおき！

肉、魚、卵、豆腐、野菜の作りおきをバランスよく作っておく

週末などの時間がある日に、冷蔵作りおきを作っておくと、平日のごはん作りがぐっとラクになります。その週によって、肉や魚、卵、豆腐などのたんぱく質メインの作りおきと、野菜の作りおきをバランスよく2〜3種類作っておくだけでOK。夕食のおかずはもちろん、朝食やお弁当のおかずにもなります。また、一気に食材を使い切れるのもうれしい。

しっかり消毒して!!

タンドリーチキン→P22
ジャンボパックの鶏むね肉2枚を使って大人も子どもも大好きなおかずに。

ぶりの漬け焼き→P101
しょうがを効かせた漬け汁に漬けてから焼くだけ。お弁当のおかずにも。

味玉→P107
卵をまとめ買いしたら、早めに味玉を作っておくと、いろいろ使えて便利。

にんじんのエスニック風なます→P139
たまには、目先の変わった副菜をたっぷり作りおき。献立のアクセントに。

作っておくと、こんなイイコト！

冷蔵作りおきを作っておけば、どんどん広がる！アレンジメニュー

たっぷりのおかずをまとめて作る冷蔵作りおきは、おかずの素として、いろいろなメニューにアレンジできるのも魅力のひとつ。例えば、ごぼうの和風ドライカレーを作りおきしたら、ごはんにのせるだけでなく、うどんやパスタとからめたり、オムレツの具にしたり、サラダのトッピングとしても使えるから、メニューがどんどん広がります。

ごはんにのせて、ドライカレーに

卵に混ぜて、オムレツに

ゆでうどんと炒めて、カレー焼きうどんに

レタスやキャベツにのせてサラダに

コツ5 すぐに使うときは、適切に保存して時短調理でラク!

正しく保存して鮮度を保ち、時短調理でおいしく食べる!

食材をそのまま使いたいときは、鮮度を保ちながらおいしく食べられるように、肉や魚、卵、豆腐、野菜など、それぞれが長持ちする適切な保存方法を確認しましょう。そして、夕飯を作るなら、時短メニューが一番。レンチンだけ、フライパンひとつで、混ぜるだけなど、簡単だけれど、ボリューム満点なのがうれしい! おいしく作って楽しみましょう。

肉や魚は、ラップで包み、保存袋に入れてチルド室で保存。

豆腐は、たっぷりの水の入った保存容器に入れて冷蔵保存。

玉ねぎやじゃがいもは、かごや木箱に入れて常温保存でOK。

切った断面は、ペーパータオルをかぶせ、ラップで包んで野菜室で保存。

時短グッズ

時短テクを使えば、食事作りはカンタン!

レンチンだけ
耐熱皿に食材と調味料を入れ、電子レンジで加熱するだけ。

グリルだけ
材料を切って、下味をつけ、魚焼きグリルで焼くだけ。

トースターだけ
食材に下味をつけたり、チーズをかけたりしてオーブントースターで焼くだけ。

フライパンひとつで
炒め物から、煮物、煮込み、揚げ物までフライパンひとつで完結。

鍋ひとつで
材料を切って鍋に入れ、スープや調味料を加えて煮るだけ。

混ぜるだけ
生野菜やゆで野菜などの食材、調味料を加えて混ぜるだけ。

揉み込むだけ
切った野菜にマリネ液や漬け汁などを揉み込むだけ。

炊飯器ひとつで
米と切った食材、調味液を加えて炊飯スイッチを押すだけ。

13

冷凍ミールキットや下味冷凍を
おいしく食べ切るコツ

本書で紹介する冷凍ミールキットや下味冷凍は、食材を上手に使い切るためにおすすめ。
ただし、冷凍方法と解凍方法を間違うとおいしく仕上がらないので、基本を押さえておきましょう。

＼冷凍ミールキット／

1 肉によく下味を 揉み込む

水けを拭き取って下ごしらえ
をした肉や魚、調味料を冷凍
用保存袋に入れ、全体に味が
なじむように揉み込む。

2 切った野菜を 重ねる

肉を平らにならしたら、肉の
上に野菜を重ねる。野菜もな
るべく平らになるように広げ
ながら重ねる。

3 空気を抜いて 密閉する

冷凍用保存袋の上から押すようにして空気を
しっかりと抜いて平らにし、口を閉じて密閉
し、バットにのせて冷凍する。

おいしく解凍して食べるコツ

凍ったままフライパンで加熱

＼完成／

蓋をして加熱して

凍ったままのミールキットをフライ
パンに入れ、蓋をして加熱する。肉
の面を下にして入れるのがコツ。

途中でかき混ぜて

中火で12～13分加熱、途中で蓋を
開け、ほぐすようにしてかき混ぜ、
全体の火の通りを均一にする。

＼ 下味冷凍 ／

1 下味をよく揉み込む

肉や魚は水けをよく拭き取り、食べやすい大きさに切ったら、お好みの下味を揉み込んで。下味によってはなじみにくいものもあるので、ボウルに入れて混ぜながら下味をつけるのもおすすめ。

2 袋の空気を抜いて密閉

肉や魚にまんべんなく下味がついたら、冷凍用保存袋に入れて、平らにならして。口を途中まで閉めて空気を押し出しながら、口を閉じて密閉するのがコツ。

おいしく解凍して食べるコツ

ぬるま湯に15分つけるだけでおいしく解凍できる！

バットなどに50℃のぬるま湯を入れ、凍ったままの下味冷凍を袋ごと入れて15分おくと、短時間でもおいしく解凍できます。

レシピに合わせて野菜を準備

下味冷凍の肉や魚があれば、あとはレシピに合わせて野菜を切って準備するだけ！ ＋αでおいしくなる調味料やスパイスも用意。

cooking

＼ 完成 ／

レシピ通りに調理して完成！

解凍した肉や魚は、汁けをきってフライパンや鍋で炒める、煮る、揚げるなどの調理をするだけ！それだけで豪華な料理が完成！

この本の特徴と決まり

まとめて購入した食材をおいしく、無駄なく使い切るコツが満載の一冊です。
この本の特徴を知っておけば、買ってから迷うことなく、下ごしらえが始められます。

食材別の下ごしらえ&保存方法を紹介！

まずやっておきたい下ごしらえ、保存方法、保存期間などを紹介しています。

食材ごとの使い道、調理例、保存期間、使用量の目安、調理時間などを紹介！

食材によって、「冷凍ミールキット」「下味冷凍→アレンジ」「冷蔵作りおき」「時短」「かさまし」のレシピがあります。ここで紹介しているレシピは一例です。

 冷凍 **3週間** 保存期間の目安　**15分** 調理時間の目安

 2枚 使用する食材量の目安（このページでは目安として載せています。詳しくは各レシピの材料をご覧ください。）

わかりやすい保存期間

作りおきおかずには、冷凍または冷蔵の保存期間の目安を入れています。

冷凍 **3週間**　冷蔵 **3日**

調理時間の目安

忙しい日のレシピ選びの参考にしてください。

時短テクをマークで表示

「レンチンだけ」なら、調理は火を使わず電子レンジだけでできます。そのレシピごとの時短方法をマークで表示しています。（P13参照）

Memo、調理のPoint、代わりの食材

レシピについての補足説明、調理するときのコツ、代用できる食材などの情報を載せています。

この本の使い方

・材料はレシピによって、2人分または4人分です。冷凍作りおきは、1パック2人分を2パック作れるレシピです。
・計量単位は、1カップ＝200mℓ、大さじ1＝15mℓ、小さじ1＝5mℓとしています。「少々」は小さじ⅙未満を、「適量」はちょうどよい量を、「適宜」は好みで必要であれば入れることを示します。
・野菜類は特に記載のない場合、皮をむくなどの下処理を済ませてからの手順を説明しています。
・電子レンジは600Wを基本としています。500Wの場合は、加熱時間を1.2倍にしてください。
・保存期間は目安の期間です。季節や保存状態によって保存期間に差が出るので、できるだけ早く食べ切りましょう。

\ 無駄なく、 おいしく /

肉のジャンボパックの 上手な保存方法 & 使い切りレシピ

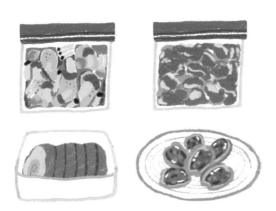

ジャンボパックといえば肉！
肉を使った便利な冷凍ミールキットや冷凍下味から、
たくさん作っておくと心強い冷蔵作りおき、
買ってきてすぐ調理する場合の時短レシピまで紹介します。

鶏むね肉

安くて高たんぱく、低脂肪の肉といえば、鶏むね肉！ 冷凍・冷蔵作りおきや時短メニューでおいしく使い切りましょう。

下ごしらえ&保存方法

水けをしっかり押さえる
ペーパータオルでしっかり押さえて、鶏肉の余分な水けを取る。

ペーパータオルに包んで冷蔵
ペーパータオルで水けを押さえた状態で、蓋つきの保存容器に入れる（またはラップをして）、冷蔵する。

冷蔵 **2**日

ジャンボパック 約8枚分

冷凍ミールキット

鶏むね肉とピーナッツのオイスター炒め→P19

冷凍 **3**週間 **2**枚

下味冷凍

甘辛しょうゆにんにく→P20

冷凍 **3**週間 **2**枚

しょうが旨塩味→P21

冷凍 **3**週間 **2**枚

冷蔵作りおき

タンドリーチキン→P22

冷蔵 **3**日 **2**枚

時短

つるっと鶏むね肉のピーマンと玉ねぎのソース→P25

15分 **1**枚

冷凍ミールキットがあれば、凍ったままフライパンで加熱するだけ！
パサつきがちな鶏肉も漬け込むことでしっとり美味！

ピーナッツの香ばしさと
オイスターソースの旨味が◎！

冷凍
3週間

鶏むね肉

冷凍

冷蔵

時短

かさまし

鶏むね肉とピーナッツのオイスター炒め

材料（2人分×2パック）
鶏むね肉…2枚
赤パプリカ…1個
長ねぎ…1本
ピーナッツ…60g
A オイスターソース…大さじ3
｜粗びき黒こしょう…少々

作り方
1 鶏肉はペーパータオルで水けをしっかり
　押さえ、一口大のそぎ切りにする。パプ
　リカは小さめの乱切り、長ねぎは1cm幅
　に切る。
2 冷凍用保存袋に鶏肉とAを半量ずつ入れ
　てよく混ぜ、パプリカ、長ねぎ、ピーナッ
　ツも半量ずつ加える。

冷凍 How to
袋の空気を抜いて平らにな
らし、口を閉じて冷凍する。

Cooking

解凍 How to
凍ったまま袋から出し、フラ
イパンに入れて調理する。

材料と作り方（2人分）
フライパンに凍ったままの鶏
むね肉とピーナッツのオイス
ター炒め1パックを肉の面を
下にして入れ、蓋をして中火
で12〜13分、途中ほぐしな
がら加熱する。鶏肉に火が
通ったら強めの中火で水分を
飛ばすように炒める。

20分

皮なしむね肉でも満足のしっかり下味

甘辛しょうゆにんにく

冷凍
3週間

材料（2人分×2パック）

鶏むね肉（皮なし）…2枚

A しょうゆ…大さじ3
砂糖…大さじ3
にんにく（すりおろし）
…小さじ1

作り方

1 鶏肉はペーパータオルで水けを押さえ、一口大のそぎ切りにし、Aをよく揉み込む。

2 1を半量ずつ冷凍用保存袋に入れる。

:冷凍 How to

袋の空気を抜いて平らにし、口を閉じ、バットにのせて冷凍する。

解凍 How to

50℃のぬるま湯に15分ほど浸して解凍する。

arrange 1

ドライバジルをプラスするだけでお手軽タイ料理

ガパオ

材料と作り方（2人分）

1 甘辛しょうゆにんにく1パックは解凍し、漬け汁は取っておく。ピーマン2個、玉ねぎ½個は一口大の乱切りにする。

2 フライパンにサラダ油大さじ½を熱し、強めの中火で鶏肉とドライバジル少々を炒める。色が変わったら、ピーマン、玉ねぎ、漬け汁を加えてさらに1〜2分炒める。

3 別のフライパンで卵2個を焼き、目玉焼きを作る。

4 器にそれぞれ温かいごはん適量を盛り、2、3を半量ずつのせる。好みでドライバジル少々をさらにふる。

10分
解凍時間は除く

arrange 2

にんにくが効いたむね肉がトマトとなすにマッチ

鶏むね肉となすのケチャップ炒め煮

材料と作り方（2人分）

1 甘辛しょうゆにんにく1パックは解凍する。なす2本は1.5cm幅の輪切りにしてポリ袋に入れ、オリーブ油大さじ1を加えてよく混ぜる。

2 フライパンにオリーブ油大さじ1を熱し、中火で1を炒め、肉の色が変わったらトマトケチャップ大さじ3、袋に残った漬け汁、粗びき黒こしょう少々を加えてさらに炒める。

15分
解凍時間は除く

そのまま焼くのはもちろん、調味料をプラスして好みの味つけに。
衣をつけて唐揚げにしても！

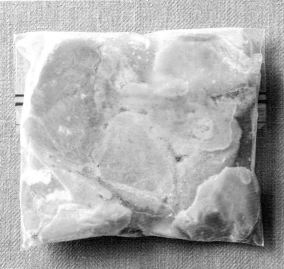

しょうがと塩でアレンジしやすいあっさり下味

しょうが旨塩味

冷凍
3週間

材料（2人分×2パック）

鶏むね肉…2枚
A しょうが（すりおろし）
　|　…小さじ1
　|　塩…小さじ1

作り方

1 鶏肉はペーパータオルで水けを押さえ、大きめの一口大のそぎ切りにし、Aをよく揉み込む。
2 1を半量ずつ冷凍用保存袋に入れる。

> :冷:凍 How to
>
> 袋の空気を抜いて平らにし、口を閉じ、バットにのせて冷凍する。

> 解:凍 How to
>
> 50℃のぬるま湯に15分ほど浸して解凍する。

鶏むね肉

冷凍　冷蔵　時短　かさまし

10分
解凍時間は除く

arrange 1

ちょっと甘いごまみそが塩味の肉に合う！

ごまサテ

材料と作り方（2人分）

1 しょうが旨塩味1パックは解凍し、ペーパータオルで水けを軽く押さえる。しし唐辛子6本は爪楊枝で2か所穴をあける。
2 白すりごま大さじ3、みそ大さじ½、はちみつ・水各大さじ1はよく混ぜる。
3 鶏肉としし唐を魚焼きグリルの弱火で7〜8分焼き、しし唐は焼けたら途中で取り出す。器に盛り、2を添える。

10分
解凍時間は除く

arrange 2

にらとみそをプラスして旨味倍増

鶏むね肉とにらのしょうがみそ炒め

材料と作り方（2人分）

1 しょうが旨塩味1パックは解凍する。にら1束は4cm長さに切る。
2 みそ小さじ1と水大さじ½をよく混ぜる。
3 フライパンにごま油大さじ1を熱し、強めの中火で鶏肉を焼き色がつくまで炒め、にら、2を加えてさっと混ぜる。

鶏むね肉

冷蔵作りおきRecipe

冷蔵 **3**日 **15**分

冷蔵 **3**日 **25**分

マヨネーズとチーズでむね肉をボリュームアップ

鶏むねとオクラの こってりマヨサラダ

レンチンだけ！

材料（4人分）

鶏むね肉…2枚
A 塩…小さじ1
　粗びき黒こしょう…少々
酒…大さじ1
オクラ…2パック（200g）

玉ねぎ…½個
B マヨネーズ…大さじ5
　粉チーズ…大さじ1½
塩・粗びき黒こしょう
　…各少々

作り方

1 鶏肉はペーパータオルで水けをしっかり押さえ、耐熱皿にのせる。Aをふり、酒を回しかける。軽くラップをして電子レンジで4分加熱し、ひっくり返してさらに2分加熱し、そのまま2分ほどおく。

2 オクラは塩適量（分量外）で板ずりしてヘタを落とし、竹串で穴を2か所あける。軽くラップで包み、電子レンジで1分30秒加熱し、粗熱が取れたら斜め半分に切る。玉ねぎは極薄切りにする。

3 ボウルに玉ねぎ、Bを入れてよく混ぜる。オクラ、食べやすい大きさにさいた1を加えて混ぜ、塩、粗びき黒こしょうで味をととのえる。

しっかり味つけ&簡単フライパン仕上げ

タンドリーチキン

フライパンひとつ

材料（4人分）

鶏むね肉…2枚
塩…小さじ⅔
こしょう…少々

A カレー粉…大さじ1
　中濃ソース…大さじ2
　トマトケチャップ…大さじ1
　水きりヨーグルト…大さじ2
オリーブ油…大さじ1

作り方

1 鶏肉はペーパータオルで水けをしっかり押さえ、6等分にそぎ切りにする。ポリ袋に入れ、塩、こしょうを揉み込み、Aを加えてさらに揉み込み、15分以上おく。

2 フライパンにオリーブ油を熱し、1を中火でうっすら焼き色がつくまで焼く。ひっくり返して蓋をし、さらに3〜4分焼く。

Memo 水きりヨーグルトの作り方：ペーパータオルを¼に折り、必要な量の倍量のヨーグルトをのせ、10分ほどおく。

鶏むね肉2枚を使って、サラダから焼き物、揚げ物までたっぷり作っておけば、毎日の食事作りはもちろん、お弁当にも大活躍！
揚げ物は切って親子丼やカツ煮などにアレンジしても。

冷蔵 **3**日　**15**分

冷蔵 **3**日　**30**分

バジルを効かせたむね肉のやわらかさを楽しむ

フライパンひとつで

チキンバジルカツ

材料（4人分）

鶏むね肉…2枚

A 塩…小さじ½
　こしょう…少々
　ドライバジル…小さじ1

溶き卵…1個分
小麦粉…適量
パン粉…適量
揚げ油…適量

作り方

1 鶏肉はペーパータオルで水けをしっかり押さえ、6等分にそぎ切りし、Aをふる。

2 1に小麦粉、溶き卵、パン粉の順に衣をつける。

3 フライパンに揚げ油を1cm入れて180℃に熱し、2を片面2分ずつ揚げ、バットに立てかけるように油をきる。

Memo　バジルの香りで、作りおきしても油のにおいが気になりません。温めるときは、アルミホイルに挟んで、オーブントースターで温めるか、フライパン弱火で空焼きしても。

旨味たっぷりの下味で冷めてもおいしい

フライパンひとつで

旨塩竜田揚げ

材料（4人分）

鶏むね肉…2枚

A しょうが（すりおろし）…小さじ1
　にんにく（すりおろし）…小さじ1
　削り節…5g
　酒…大さじ1
　塩…小さじ1

　粗びき黒こしょう
　　…小さじ½
　片栗粉…大さじ½
片栗粉…大さじ2½
揚げ油…適量

作り方

1 鶏肉はペーパータオルで水けをしっかり押さえ、6等分にそぎ切りにする。ポリ袋に入れ、Aをよく揉み込み、15分ほどおく。

2 フライパンに揚げ油を1cm入れて170℃に熱し、片栗粉をよくまぶした1を片面3分ずつ揚げ、バットに立てかけるように油をきる。

Memo　揚げ物の作りおきなので、油のにおいを軽減するため、にんにく、しょうがを効かせています。小さく切って親子丼の具にしてもおいしいです。

23

レンチンだけ 🔲 ⏱15分

レンチンであっという間！お酒のおつまみにも◎

ねぎダレ棒棒鶏

材料（2人分）

鶏むね肉…1枚
塩…小さじ⅓
しょうが（すりおろし）
　…小さじ½
長ねぎ（青い部分）…1本分
酒…大さじ1
きゅうり…2本
A 長ねぎ（みじん切り）
　　…¼本分
　白いりごま…大さじ1
　ごま油…大さじ½
　蒸し汁…大さじ2

作り方

1 鶏肉はペーパータオルで水けを
　しっかり押さえ、塩、しょうがを
　すり込み、耐熱皿に入れ、長ねぎ
　の青い部分をのせて酒を回しかけ
　る。軽くラップをして電子レンジ
　で3分加熱し、ひっくり返してさ
　らに1分加熱し、そのまま2分ほ
　どおく。蒸し汁は取っておく。
2 きゅうりは麺棒などでたたいて一
　口大にさく。
3 器に2を敷き、1を薄いそぎ切り
　にしてのせ、よく混ぜたAをかけ
　る。

フライパンひとつで 🍳 ⏱10分

のりの風味とごま油のコクが効いた甘辛おかず

鶏むね肉の磯辺焼き

材料（2人分）

鶏むね肉（皮なし）…1枚
焼きのり…適量
片栗粉…適量
A しょうゆ…大さじ1
　砂糖…大さじ1
　酒…大さじ2
ごま油…大さじ1

作り方

1 鶏肉はペーパータオルで水けを
　しっかり押さえ、大きめのそぎ切
　りにし、両面にのりを貼りつけ、
　片栗粉をまぶす。
2 フライパンにごま油を熱し、中火
　で1を片面2分ほど焼く。ひっく
　り返し、蓋をして2分ほど焼き、
　Aを加えて強めの中火で煮からめ
　る。

レンチンだけ 🔲 ⏱10分

切ってレンチン、旨味のソースをからめるだけ！

鶏チリ

材料（2人分）

鶏むね肉（皮なし）…1枚
片栗粉…大さじ½
赤パプリカ…1個
A トマトケチャップ…大さじ2
　オイスターソース…大さじ1
　鶏がらスープの素…小さじ1
　酢…大さじ1
　水…大さじ2
ごま油…大さじ½

作り方

1 パプリカは一口大の乱切りにす
　る。鶏肉はペーパータオルで水
　けをしっかり押さえ、一口大の
　そぎ切りにし、片栗粉をまぶす。
2 耐熱皿によく混ぜたAを広げ、
　鶏肉を重ならないようにのせ、
　隙間にパプリカをのせる。軽く
　ラップをして電子レンジで5分
　加熱し、そのまま2分ほどおく。
　ごま油を加えてよく混ぜる。

鶏むね肉が1枚あれば、簡単においしいおかずの完成！ その日の気分によって、いろいろな味わいのお料理を楽しんで。
どれもパパッと作れて子どもも大人も好きな味です。

ポリ袋で揉んだ野菜にレモンの風味が染みる

つるっと鶏むね肉の
ピーマンと玉ねぎのソース

15分 鍋ひとつで

材料 (2人分)

鶏むね肉（皮なし）…1枚
塩…小さじ½
片栗粉…大さじ1
A ピーマン（細いせん切り）
　　…2個分（60g）
　　玉ねぎ（極薄切り）
　　…¼個分
　　レモン汁…大さじ1
　　塩…小さじ½
　　ごま油…大さじ1

作り方

1 鶏肉はペーパータオルで水けを
しっかり押さえ、大きめのそぎ切
りにし、塩をふり、片栗粉をまぶ
す。

2 ポリ袋にAを入れてよく揉み込み、
空気を抜くように密封し、10分
ほどおく。

3 鍋に湯を沸かし、1を3〜4分ゆ
でて湯をきる。器に盛り、2をか
ける。

旨味たっぷり&油控えめな鶏肉版ホイコーロー

鶏むね肉とキャベツの
ピリ辛みそ炒め

10分 フライパンひとつで

材料 (2人分)

鶏むね肉…1枚
片栗粉…大さじ1
キャベツ…¼個（250g）
A みりん…大さじ2
　　みそ…大さじ1
　　豆板醤
　　…小さじ1〜大さじ½
　　ごま油…大さじ1

作り方

1 鶏肉はペーパータオルで水けを
しっかり押さえ、一口大のそぎ切
りにし、片栗粉をまぶす。キャベ
ツは大きめにちぎる。Aは混ぜ合
わせる。

2 フライパンにごま油を熱し、中火
で鶏肉を色が変わるまで3〜4分
炒める。Aを加えて炒めからめ、
キャベツを加えてさっと炒める。

フライパンひとつで肉の旨味をあんかけにも

鶏むね肉の旨だし玉ねぎあんかけ

10分 フライパンひとつで

材料 (2人分)

鶏むね肉（皮なし）…1枚
片栗粉…大さじ1
玉ねぎ…½個
A しょうゆ…大さじ1½
　　みりん…大さじ2
　　片栗粉…小さじ1
　　削り節…3g
　　水…¼カップ
　　塩…少々
　　ごま油…大さじ1

作り方

1 鶏肉はペーパータオルで水けを押
さえ、大きめのそぎ切りにし、片
栗粉をまぶす。玉ねぎは薄切りに
する。

2 フライパンにごま油を熱し、中火
で鶏肉を焼く。薄く焼き色がつい
たらひっくり返し、玉ねぎを加え、
蓋をして3分ほど焼き、鶏肉だけ
を器に取り出す。

3 玉ねぎが残ったフライパンによく
混ぜたAを加え、とろみがついた
ら火を止め、鶏肉にかける。

25

鶏もも肉

程よい脂身がおいしい鶏もも肉は、メインのおかずにぴったりの食材。特売のときにまとめて購入しておいしく使い切りましょう。

下ごしらえ&保存方法

水けをしっかり押さえる
ペーパータオルでしっかり押さえて、鶏肉の余分な水けを取る。

ペーパータオルに包んで冷蔵
ペーパータオルで水けを押さえた状態で、蓋つきの保存容器に入れ（またはラップをして）、冷蔵する。
冷蔵 **2日**

ジャンボパック約8枚分

下味冷凍

旨だし味
→P27
冷凍3週間 2枚

ジンジャーレモン
→P28
冷凍3週間 2枚

冷蔵作りおき

焼き鳥風
→P29
冷蔵3日 2枚

チキンロール
→P29
冷蔵3日 2枚

時短

鶏もも肉となすのトマト煮
→P30
15分 1枚

鶏おろしポン酢ピーマン添え
→P30
15分 1枚

塩と削り節を揉み込むだけのシンプルな下味は、どんな料理にもアレンジ可能！
だしがなくても、煮物もおいしく仕上がります。

塩と削り節だけでしっかり旨い
旨だし味

冷凍
3週間

鶏もも肉

冷凍

冷蔵

時短

かさまし

材料（2人分×2パック）

鶏もも肉…2枚
A 塩…小さじ1
削り節…6g

作り方

1 鶏肉はペーパータオルで水けを押さえ、包丁で切り目を入れ、肉の厚みを均一にし、余分な脂を取り除く。一口大に切り、Aを揉み込む。
2 1を半量ずつ冷凍用保存袋に入れる。

:冷凍 How to
袋の空気を抜いて平らにし、口を閉じ、バットにのせて冷凍する。

解凍 How to
50℃のぬるま湯に15分ほど浸して解凍する。

10分
解凍時間は除く

arrange 1

ズッキーニに肉の脂と下味の旨味が染みる
鶏もも肉とズッキーニのにんにく炒め

材料と作り方（2人分）

1 旨だし味1パックは解凍する。ズッキーニ1本は長さを4等分、縦4等分に切る。
2 フライパンにオリーブ油大さじ1を熱し、強めの中火で鶏肉を炒め、色が変わったらズッキーニ、にんにく（すりおろし）小さじ½、塩・こしょう各少々を加えて炒める。

20分
解凍時間は除く

arrange 2

下味冷凍で、だしいらず簡単煮物
鶏もも肉とじゃがいもの煮物

材料と作り方（2人分）

1 旨だし味1パックは解凍する。じゃがいも2個は3等分の乱切りにする。玉ねぎ½個は縦8等分に切る。
2 フライパンにサラダ油小さじ1を熱し、強めの中火で鶏肉を炒め、色が変わったらじゃがいもと玉ねぎを加えて炒める。
3 全体に油が回ったら、ひたひたの水1½カップ、しょうゆ大さじ2を加え、蓋をして途中混ぜながら10分ほど煮込む。じゃがいもに竹串がすっと通ったら火を止めて5分ほどおく。

27

鶏もも肉

しょうがとレモンを効かせた下味は、コクのある鶏もも肉をさっぱりさわやかな一品に。

冷凍したレモンごと使えます

ジンジャーレモン

冷凍 **3**週間

材料（2人分×2パック）

鶏もも肉…2枚

A しょうが（すりおろし）
　　…大さじ½
　　レモン（輪切り）…4枚
　　塩…小さじ1
　　こしょう…少々

作り方

1 鶏肉はペーパータオルで水けを押さえ、包丁で切り目を入れ、肉の厚みを均一にし、余分な脂を取り除く。一口大に切り、**A**をよく揉み込む。

2 1を半量ずつ冷凍用保存袋に入れる。

冷凍 How to

袋の空気を抜いて平らにし、口を閉じ、バットにのせて冷凍する。

解凍 How to

50℃のぬるま湯に15分ほど浸して解凍する。

arrange 1

さわやかなしょうがとレモンにバターでコクをプラス

チキンのレモンバターソテー

材料と作り方（2人分）

1 ジンジャーレモン1パックは解凍し、漬け汁とレモンは取っておく。鶏肉は汁けを軽くきり、小麦粉大さじ2をまぶす。

2 フライパンにバター10gを熱し、中火で鶏肉を焼き色がつくまで焼く。ひっくり返してパックのレモンを加え、蓋をして3分ほど焼き、漬け汁を加えてからめる。

3 器に2を盛り、ベビーリーフ適量を添え、粗びき黒こしょう少々をふる。

10分
解凍時間は除く

arrange 2

タルタルソースもレンチンであっという間に

シトラスチキンのタルタルソース

材料と作り方（2人分）

1 ジンジャーレモン1パックは解凍し、レモンは取っておく。鶏肉は汁けを軽くきり、小麦粉大さじ2をまぶす。

2 フライパンにオリーブ油大さじ4とパックのレモンを入れて180℃に熱し、鶏肉を片面2分ずつ揚げ焼きにする。レモンは焦げないように途中で取り出す。

3 耐熱ボウルに卵2個を溶きほぐし、マヨネーズ大さじ1を加えてよく混ぜる。ラップをしないで電子レンジで1分30秒加熱し、細かくなるまでよく混ぜ、冷めたらマヨネーズ大さじ3、ドライバジル・塩各少々を加えてよく混ぜる。

4 器に2を盛り、ベビーリーフ適量と3を添える。

15分
解凍時間は除く

冷蔵作りおきRecipe

鶏もも肉のおかずは、みんな大好き！夕飯はもちろん、
おつまみやお弁当のおかずにもなる、作っておくと便利な一品を紹介します。

鶏もも肉

冷凍・冷蔵・時短・かさまし

冷蔵 **3**日　**15**分

冷蔵 **3**日　**15**分

串なし焼き鳥は手軽でアレンジ自由自在

焼き鳥風

フライパンひとつ

材料（4人分）

鶏もも肉…2枚	**A** しょうゆ…大さじ 2 ½
塩…小さじ ½	砂糖…大さじ 2
長ねぎ…2本	みりん…大さじ 2
	ごま油…大さじ ½

作り方

1 長ねぎは3cm幅に切る。鶏肉はペーパータオルで水けを押さ
　え、包丁で切り目を入れ、肉の厚みを均一にし、余分な脂を
　取り除き、小さめの一口大に切り、塩をまぶす。

2 フライパンにごま油を熱し、強めの中火で1を焼きつける。
　ひっくり返して蓋をし、中火で2分ほど加熱する。Aを加え
　て強めの中火で煮からめる。

Memo 好みで一味唐辛子をかけてもおいしい。焼き汁ごとご
　はんにかければ焼き鳥丼に、つまようじを刺してお弁
　当に入れても◎。

作っておけば切って出すだけ！お弁当にも◎

チキンロール

 レンチンだけ

材料（4人分）

鶏もも肉…2枚	にんじん…⅓本
しょうが（すりおろし）	さやいんげん…6本(50g)
…小さじ 2	**A** しょうゆ…大さじ 1 ½
塩…小さじ 1	砂糖…大さじ 1 ½
片栗粉…大さじ 1	

作り方

1 にんじんは長めのせん切りにする。いんげんはヘタを落とす。
　鶏肉はペーパータオルで水けを押さえ、包丁で切り目を入れ、
　肉の厚みを均一にし、余分な脂を取り除く。

2 ラップの上に鶏肉を皮目を下にしてのせ、しょうが、塩、片
　栗粉をまぶす。にんじん、いんげんをのせてきつめに巻き、
　さらにラップをきつめに巻き、キャンディー状に包んで上で
　縛る（P43参照）。同様にもう1本作る。耐熱皿にのせ、電子
　レンジで4分加熱し、ひっくり返してさらに4分加熱する。
　そのまま粗熱が取れるまでおき、取り出す。

3 2の耐熱皿にAを入れ、ラップをしないで電子レンジで1分
　加熱する。チキンロールのラップを外して入れ、タレをから
　める。食べやすい厚さに切る。

29

レンチンだけ / 15分

旨味たっぷり！レンチンで簡単よだれ鶏

よだれ鶏

材料（2人分）

鶏もも肉…1枚
塩…小さじ½
こしょう…少々
酒…大さじ1
きゅうり…1本
セロリ…1本
セロリの葉…適量
A みそ…大さじ1
　豆板醤…大さじ½
　オイスターソース
　　…大さじ½
　酢…大さじ½
　白すりごま…大さじ2
　蒸し汁…大さじ2

作り方

1 鶏肉はペーパータオルで水けを押さえ、包丁で切り目を入れ、肉の厚みを均一にし、余分な脂を取り除く。耐熱皿にのせ、塩、こしょうをふり、セロリの葉少々をのせ、酒を回しかける。軽くラップをして電子レンジで3分加熱し、ひっくり返してさらに1分加熱し、そのまま2分ほどおいて1cm幅に切る。

2 きゅうりは4等分に切り、麺棒などでたたいて一口大にさく。セロリは1cm幅の斜め切りにする。

3 器に2を敷き、鶏肉をのせる。よく混ぜたAをかけ、せん切りにしたセロリの葉少々をのせる。

フライパンひとつで / 15分

絶対おいしい王道トマト煮

鶏もも肉となすのトマト煮

材料（2人分）

鶏もも肉…1枚
A 塩…小さじ½
　粗びき黒こしょう…少々
　小麦粉…大さじ1
なす…2本（180g）
B ホールトマト缶（水煮）…½缶
　にんにく（すりおろし）
　　…小さじ1
　塩…小さじ1
オリーブ油…大さじ1

作り方

1 なすは1.5cm幅の輪切りにし、水にさらしてアクを抜き、ペーパータオルで水けを押さえる。鶏肉はペーパータオルで水けを押さえ、包丁で切り目を入れ、肉の厚みを均一にし、余分な脂を取り除く。6等分に切り、Aをまぶす。

2 フライパンにオリーブ油を熱し、中火で鶏肉を皮目から焼きつけ、ひっくり返して脂が出てきたらなすを加え、ひっくり返しながら焼きつける。Bを加え、蓋をして10分ほど煮込む。

グリルだけ / 15分

ピリッと効いた山椒が鶏皮の旨味を引き出す

鶏おろしポン酢 ピーマン添え

材料（2人分）

鶏もも肉…1枚
A 塩…小さじ⅓
　粉山椒…小さじ½
ピーマン…3個
大根おろし…⅙個分（150g）
ポン酢しょうゆ…適量

作り方

1 鶏肉はペーパータオルで水けを押さえ、包丁で切り目を入れ、肉の厚みを均一にし、余分な脂を取り除き、Aをふる。ピーマンは半分に切って種を取り除く。

2 魚焼きグリルの弱火で鶏肉とピーマンを8〜10分焼きつけ、1分ほどおく。ピーマンは焼けたら途中で取り出す。

3 器に食べやすい大きさに切った鶏肉とピーマンを盛り、大根おろしを添え、ポン酢をかける。

時間がなくても、電子レンジやフライパンひとつでできる料理なら簡単！ 鶏もも肉は前日にあらかじめカットしておくと、
当日すぐに調理できるので、さらに時短につながります。

鶏もも肉

冷凍　冷蔵　時短　かさまし

ごはんが進むおかずをフライパンでささっと
鶏もも肉とかぼちゃのスタミナ焼き

材料（2人分）

鶏もも肉…1枚
かぼちゃ…⅛個（200g）
片栗粉…大さじ½
A にんにく（すりおろし）
　　…小さじ1
　しょうが（すりおろし）
　　…小さじ1
　しょうゆ…大さじ1½
　砂糖…大さじ2
サラダ油…大さじ1

作り方

1 かぼちゃは横半分に切り、縦7mm
　幅に切る。鶏肉はペーパータオル
　で水けを押さえ、包丁で切り目を
　入れ、肉の厚みを均一にし、余分
　な脂を取り除く。一口大に切り、
　片栗粉をまぶす。

2 フライパンにサラダ油を熱し、1
　を中火で炒め、焼き色がついたら
　ひっくり返し、蓋をして中火で5
　分ほど焼きつけ、Aを加えて炒め
　からめる。

揚げない、漬けない！ 人気メニューを手軽に
チキン南蛮風

材料（2人分）

鶏もも肉…1枚
A 塩…小さじ⅓
　しょうが（すりおろし）
　　…小さじ1
片栗粉…大さじ2
サラダ油…大さじ3
B 玉ねぎ（極薄切り）…½個分
　酢…大さじ1½
　しょうゆ…大さじ2
　はちみつ…大さじ2
レタス（せん切り）…¼個分

作り方

1 鶏肉はペーパータオルで水けを押
　さえ、包丁で切り目を入れ、肉の
　厚みを均一にし、余分な脂を取り
　除く。厚さが均等になるように6
　等分に切り、Aを揉み込み、片栗
　粉をまぶす。Bはポリ袋に入れ、
　よく揉み込む。

2 フライパンにサラダ油を熱し、中
　火で鶏肉をカリッとするまで5〜
　6分焼きつけ、油をきる。

3 器にレタスを敷き、2をのせ、B
　をかける。

いつものチキンソテーをソースで簡単ランクアップ
チキンソテー　バルサミコソース

材料（2人分）

鶏もも肉…1枚
A 塩…小さじ½
　粗びき黒こしょう…少々
　小麦粉…大さじ1
アスパラガス
　　…3〜6本（150g）
オリーブ油…大さじ½
B バルサミコ（黒酢でも可）
　　…大さじ1
　はちみつ…大さじ1
　しょうゆ…大さじ1
　バター…10g

作り方

1 アスパラは下半分の皮をピーラーで
　薄くむき、長さを半分に切る。鶏肉
　はペーパータオルで水けを押さえ、
　包丁で切り目を入れ、肉の厚みを均
　一にし、余分な脂を取り除く。半分
　に切り、Aをまぶす。

2 フライパンにオリーブ油を熱し、強
　めの中火で鶏肉を皮目から焼きつけ、
　ひっくり返してアスパラを加え、蓋
　をして中火で5分ほど焼く。

3 器に鶏肉とアスパラを取り出し、同
　じフライパンにBを入れて煮詰め、
　鶏肉にかける。

手羽元&手羽中

ジャンボパックでよく見る鶏手羽元&鶏手羽中は、お財布にやさしい食材の代表。骨つきだから食べごたえ満点で満足感◎。

下ごしらえ&保存方法

水けをしっかり押さえる
ペーパータオルでしっかり押さえ、鶏肉の余分な水けを取る。

ペーパータオルに包んで冷蔵
ペーパータオルで水けを押さえた状態で、蓋つきの保存容器に入れ（またはラップをして）、冷蔵する。

冷蔵 **2**日

ジャンボパック 約2kg分

冷凍ミールキット

鶏スペアリブときのこのマスタード煮込み→P33

冷凍 **3**週間 **12**本

下味冷凍

山椒しょうゆ漬け→P34

冷凍 **3**週間 **12**本

ガーリックオイル→P35

冷凍 **3**週間 **24**本

冷蔵作りおき

手羽元ときくらげのサムゲタン風→P36

冷蔵 **3**日 **12**本

時短

鶏スペアリブと卵の追いがつおポン酢煮→P39

15分 **12**本

鶏手羽元は煮込みにぴったり！下味をつけて、きのこや長ねぎと一緒に
冷凍しておけば、火にかけるだけで旨味たっぷりの煮込みの完成です。

骨つき肉の旨味にきのこの旨味もプラス

鶏スペアリブときのこの
マスタード煮込み

冷凍
3週間

手羽元&手羽中

冷凍 / 冷蔵 / 時短 / かさまし

材料（2人分×2パック）
鶏手羽元…12本
しめじ・エリンギ　合わせて3パック（300g）
長ねぎ　1本
A 粒マスタード　大さじ2
　　はちみつ　大さじ2
　　しょうゆ　大さじ3
　　粗びき黒こしょう　少々
　　小麦粉　大さじ1

作り方
1 手羽元はペーパータオルで水けを押さえ、皮の薄い面にキッチンバサミで切り目を入れ、Aを揉み込む。しめじは石づきを落として大きめにほぐし、エリンギは長さを半分に切り、縦6等分に切る。長ねぎは5mm幅の小口切りにする。
2 冷凍用保存袋にきのこ、長ねぎを半量ずつ入れ、上に手羽元半量をのせ、残りのタレ半量を均等に入れる。

:冷凍 How to
袋の空気を抜いて平らにし、口を閉じ、バットにのせて冷凍する。

Cooking

解凍 How to
凍ったまま袋から出し、フライパンに入れて調理する。

材料と作り方（2人分）
フライパンに凍ったままの鶏スペアリブときのこのマスタード煮込み1パックを肉の面を下にして入れ、蓋をして中火で途中混ぜながら10分ほど煮込む。手羽元がほぐれたら弱めの中火でさらに15分〜20分煮込む。火が通ったら、強めの中火で水分を飛ばすように煮詰める。

30分

冷凍作りおき❷ 下味冷凍

ピリッとさわやかな辛味がおいしい下味は、ボリューム満点の揚げ物、煮物に。

山椒のピリ辛とはちみつの甘味がくせになる

山椒しょうゆ漬け

冷凍 3週間

材料（2人分×2パック）

鶏手羽元…12本

A しょうゆ　大さじ3
粉山椒　小さじ½
はちみつ　大さじ3

作り方

1 手羽元はペーパータオルで水けを押さえ、皮の薄い面にキッチンバサミで切り目を入れ、Aを揉み込む。

2 1を半量ずつ冷凍用保存袋に入れる。

:冷凍 How to

袋の空気を抜いて平らにし、口を閉じ、バットにのせて冷凍する。

解凍 How to

50℃のぬるま湯に15分ほど浸して解凍する。

arrange 1

味が染みた肉に小麦粉をまぶして揚げるだけ!

手羽元と長いもの山椒揚げ

材料と作り方（2人分）

1 山椒しょうゆ漬け1パックは解凍し、ペーパータオルで水けを押さえ、小麦粉大さじ1をまぶす。長いも150gは縦8等分に切り、小麦粉を大さじ½まぶす。

2 フライパンに揚げ油を1cm入れて170℃に熱し、1を片面3〜4分ずつ揚げ、バットに立てかけるように油をきる。長いもには塩少々をふる。

15分
解凍時間は除く

arrange 2

はちみつとさつまいもの甘味に山椒がアクセント

手羽元とさつまいもの甘辛煮

材料と作り方（2人分）

1 山椒しょうゆ漬け1パックは解凍し、漬け汁は取っておく。さつまいも1本（200g）は皮つきのまま一口大の乱切りにし、水にさらしてアクを抜き、ペーパータオルで水けを押さえる。

2 フライパンにサラダ油大さじ1を熱し、中火で手羽元とさつまいもを焼き色つくまで焼きつけ、酒大さじ2を加える。煮立ったら蓋をして弱めの中火で7〜8分焼き、漬け汁と削り節3gを加え、炒めからめる。

15分
解凍時間は除く

にんにくと塩、オリーブ油のシンプルな下味は、ソテーや煮込み料理に使えてとても便利。小麦粉をまぶしてさっと揚げるのもおすすめ。

にんにくが手羽中の皮の旨味をさらにアップ

ガーリックオイル

冷凍 **3**週間

手羽元&手羽中

冷凍 冷蔵 時短 かさまし

材料（2人分×2パック）
鶏手羽中…24本
A にんにく（すりおろし）
　　　　小さじ1
　塩　小さじ1½
　オリーブ油　大さじ2

作り方
1 手羽中はペーパータオルで水けを押さえ、Aを揉み込む。
2 1を半量ずつ冷凍用保存袋に入れる。

冷凍 How to
袋の空気を抜いて平らにし、口を閉じ、バットにのせて冷凍する。

解凍 How to
50℃のぬるま湯に15分ほど浸して解凍する。

10分 解凍時間は除く

arrange 1
ズッキーニと一緒に焼くだけ! お酒のおつまみにも◎
手羽中とズッキーニの ガーリックしょうゆ焼き

材料と作り方（2人分）
1 ガーリックオイル1パックは解凍する。ズッキーニ1本は7mm幅に切る。
2 フライパンを中火で熱し、手羽中を入れ、焼き色がついたらひっくり返す。ズッキーニを加え、蓋をして途中混ぜながら5分ほど炒める。しょうゆ大さじ½、粗びき黒こしょう少々を加えてさっと炒める。

15分 解凍時間は除く

arrange 2
ガーリックの下味とトマトの旨味がなすにしみしみ
手羽中となすのカチャトーラ風

材料と作り方（2人分）
1 ガーリックオイル1パックは解凍する。なす2本は大きめの乱切りにし、水にさらしてアクを抜き、水けをしっかりきる。
2 ポリ袋になす、オリーブ油大さじ1を入れてふり、全体にオリーブ油をからめる。
3 フライパンを熱し、中火で手羽中と2を焼き、焼き色がついたらひっくり返し、ホールトマト缶（水煮）1缶、塩小さじ½を加え、蓋をして途中混ぜながら10〜15分煮込む。
4 器に盛り、粗びき黒こしょう・パセリのみじん切り各少々をふる。
※ホール缶のトマトは崩さないように煮込む。

冷蔵 **3日** 25分

冷蔵 **3日** 15分

作っとおくとほっとする滋味深いスープ

手羽元ときくらげの
サムゲタン風

鍋ひとつで

材料（4人分）

鶏手羽元…12本	塩…小さじ1
長ねぎ…1本	削り節…6g
きくらげ（乾燥）…5g	しょうが（すりおろし）…小さじ1
大豆（水煮）…100g	

作り方

1 手羽元はペーパータオルで水けを押さえ、皮の薄い面にキッチンバサミで切り目を入れる。長ねぎは3cm幅に切る。きくらげはぬるま湯で戻し、大きめに切る。

2 鍋に手羽元、長ねぎ、水5カップを入れ、火にかける。アクを取りながら煮立たせ、きくらげ、大豆、塩、削り節を加え、弱めの中火で15分ほど煮込み、しょうがを加えて混ぜる。

Memo 一緒に大根や冬瓜、もち米を入れて煮てもおいしい。ごはんを加えて雑炊にしても◎。いろいろなアレンジが楽しめます。

ピーマンがぺろりと食べられる

鶏スペアリブと
ピーマンの揚げ浸し

レンチン + フライパン

材料（4人分）

鶏手羽中…24本	赤唐辛子（輪切り）…½本分
小麦粉…大さじ1½	削り節…3g
ピーマン…8個	酒…大さじ2
A しょうゆ…大さじ2½	水…½カップ
みりん…大さじ2	揚げ油…適量

作り方

1 耐熱ボウルに**A**を混ぜ合わせ、電子レンジで2分加熱して煮立たせる。手羽中はペーパータオルで水けを押さえ、小麦粉をまぶす。ピーマンは切り目を1本入れる。

2 フライパンに揚げ油を1cm入れて180℃に熱し、ピーマンを片面2分ずつ揚げて**A**に漬ける。続けて手羽中を片面3分ずつ揚げて**A**に漬ける。

調理のPoint

ピーマンは包丁で切り目を入れてから（P154参照）揚げると、破裂しません。種も丸ごとおいしく食べられます。

鶏手羽元や鶏手羽中をたくさん使ったおかずを作るなら、スープや煮込み料理、揚げ浸しが◎。骨つき肉だからこそのおいしいだしが出ます。また、手羽中は骨からはがれやすくて食べやすいのでおすすめです。

冷蔵
3日 **20**分

冷蔵
3日 **30**分

ごはんにもお酒にも合う頼もしい作りおき

フライパンひとつで

手羽元とれんこんの甘辛みそ炒め

材料（4人分）

鶏手羽元…12本
れんこん…1節（200g）
A みそ…大さじ3
｜豆板醤…大さじ1

みりん…大さじ2
にんにく（すりおろし）
　…小さじ1
サラダ油…大さじ½

作り方

1 手羽元はペーパータオルで水けを押さえ、皮の薄い面にキッチンバサミで切り目を入れる。れんこんは一口大の乱切りにし、水にさらして水けをきる。Aは混ぜ合わせておく。

2 フライパンにサラダ油を熱し、中火で手羽元を焼きつけ、れんこんを加えて炒め、蓋をして弱めの中火で5分ほど炒める。

3 Aを加え、からめるように炒める。

調理のPoint
新れんこんを使う場合は、皮をむかず、洗うだけでOK。皮に含まれる栄養も逃さず摂取できます。

作りおきで卵にもしっかり味染み

金品ひとつで

鶏スペアリブと卵の台湾風煮込み

材料（4人分）

鶏手羽中…24本
長ねぎ…1本
ゆで卵…4個
A しょうゆ…¼カップ
｜酒…¼カップ

砂糖…大さじ2
水…1½カップ
五香粉…小さじ1

作り方

1 手羽中はペーパータオルで水けを押さえる。長ねぎは1.5cm長さに切る。

2 鍋にA、手羽中、長ねぎを入れて火にかける。アクを取りながら煮立たせ、ゆで卵、五香粉を加え、落とし蓋をして弱めの中火で20分ほど煮込む。

代わりの食材
独特の風味や甘味、苦味をもつ五香粉。ないときは、シナモンパウダーを使うのもおすすめです。

グリルだけ　15分

焼いて和えるだけ！お酒のおつまみにもごはんにも！

鶏スペアリブのねぎマヨ

材料（2人分）

鶏手羽中…12本
塩…小さじ½
粗びき黒こしょう…小さじ¼
A 万能ねぎ（小口切り）…5本分
　マヨネーズ…大さじ2
　にんにく（すりおろし）
　　…小さじ1

作り方

1 手羽中はペーパータオルで水けを押さえ、塩、粗びき黒こしょうをふり、魚焼きグリルの弱火で10〜12分焼く。

2 ボウルにAを入れてよく混ぜ、1を加えてざっくりと混ぜる。

（ **代わりの食材**
手羽中の代わりに鶏もも肉を使っても◎。）

フライパンひとつ　15分

ごまをまぶすだけでおいしさアップ！

鶏スペアリブのごまごま焼き

材料（2人分）

鶏手羽中…12本
塩…小さじ⅔
白いりごま…大さじ3
卵白…適量
ごま油…大さじ2

作り方

1 手羽中はペーパータオルで水けを押さえ、塩を揉み込む。溶いた卵白にくぐらせ、白いりごまをまぶす。

2 フライパンにごま油を熱し、中火で1を片面2分ほど焼きつけ、ひっくり返し、蓋をして3〜4分焼く。

調理のPoint

ごまをしっかりまぶすのがポイント。卵白はぷるんとしているので、よく溶いておくと肉につきやすい。焼きつけるときはごまが焼きつくまであまり触らないようにするといいでしょう。

フライパンひとつ　15分

フライパンのまま熱々を出したい！

チーズダッカルビ

材料（2人分）

鶏手羽元…6本
赤パプリカ…½個
ピザ用チーズ…80g
マヨネーズ…大さじ1
A コチュジャン…大さじ2
　酒…大さじ1
　しょうゆ…大さじ1
　にんにく（すりおろし）
　　…小さじ1
ごま油…小さじ1

作り方

1 手羽元はペーパータオルで水けを押さえ、皮の薄い面にキッチンバサミで切り目を入れる。パプリカは一口大の乱切りにする。Aは混ぜ合わせておく。

2 フライパンにごま油を熱し、中火で手羽元の全体に焼き色をつけ、パプリカを加えてさっと炒める。Aを加え、蓋をして弱めの中火で5分ほど煮込む。

3 チーズ、マヨネーズを回しかけ、蓋をしてチーズが溶けるまで1分ほど加熱する。

鶏手羽元は火が通りにくいので、キッチンバサミで切り目を入れておくのが時短のコツ。鶏手羽中は火が通りやすいので、フライパンで素早く作ることができます。

手羽元&手羽中 / 冷凍 / 冷蔵 / 時短 / かさまし

骨つき肉からいいだしが出る

鶏スペアリブと里いもの旨だし煮

20分 フライパンひとつで

材料（2人分）
鶏手羽中…12本
里いも…3個
A 削り節…3g
　 酒…大さじ1
　 塩…小さじ½
　 水…1½カップ
サラダ油…小さじ1

作り方
1 手羽中はペーパータオルで水けを押さえる。里いもは3等分の乱切りにする。
2 フライパンにサラダ油を熱し、1を入れ、強めの中火で片面2分ずつ焼きつけ、Aを加える。アクを取りながら煮立たせ、落とし蓋をしてから蓋をし、中火で5〜6分、里いもに竹串がすっと通るまで煮込む。

あっという間にみんなが好きなBBQ味

手羽元のBBQ風煮込み

15分 フライパンひとつで

材料（2人分）
鶏手羽元…6本
塩…小さじ¼
粗びき黒こしょう…少々
小麦粉…大さじ1
A マーマレード…大さじ2
　 しょうゆ…大さじ1½
　 にんにく（すりおろし）
　 …小さじ1
バター…15g

作り方
1 手羽元はペーパータオルで水けを押さえ、皮の薄い面にキッチンバサミで切り目を入れ、塩、粗びき黒こしょう、小麦粉をまぶす。Aは混ぜ合わせておく。
2 フライパンにバターを熱し、中火で手羽元の全体に焼き色をつけ、Aを加え、蓋をして弱めの中火で5分ほど煮込む。蓋を外し、強火で水分を飛ばすように炒める。

ポン酢でさっぱり＆削り節でだしいらず

鶏スペアリブと卵の
追いがつおポン酢煮

15分 フライパンひとつで

材料（2人分）
鶏手羽中…12本
ゆで卵…2個
A ポン酢…大さじ2
　 削り節…3g
　 赤唐辛子（輪切り）…½本分
　 水…¾カップ
サラダ油…小さじ1

作り方
1 手羽中はペーパータオルで水けを押さえる。
2 フライパンにサラダ油を熱し、中火で手羽中を片面2分ずつ焼きつけ、ゆで卵、Aを加える。落とし蓋をしてから蓋をし、煮立ったら中火で10分ほど煮込む。
3 器に手羽中を盛り、半分に切ったゆで卵を添える。

鶏ささみ

高たんぱく、低脂肪がうれしい鶏ささみ。やわらかくて食べやすいので、さまざまな料理に展開できます。上手に保存して使い切って。

下ごしらえ&保存方法

筋を取り除く
筋に沿うように切り込みを入れる。筋が下になるようにおき、包丁で押さえながら筋を取り除く。

ペーパータオルに包んで冷蔵
ペーパータオルで水けを押さえた状態で、蓋つきの保存容器に入れる（またはラップをして）、冷蔵する。

冷蔵 **2**日

ジャンボパック約20本分

下味冷凍

ガーリックマヨ
→P41

冷凍 **3**週間　**8**本

ごましょうゆ漬け
→P42

冷凍 **3**週間　**8**本

冷蔵作りおき

ささみの
ねぎ梅みそ
ロール→P43

冷蔵 **3**日　**8**本

ささみと
にんじんの
きんぴら→P43

冷蔵 **3**日　**8**本

時短

ささみの
青のり揚げ
→P44

10分　**4**本

ささみとセロリの
梅しそ和え
→P45

10分　**4**本

ガーリックマヨ味は、子どもから大人まで大好きな味。そのままソテーやピカタ、揚げ物に。マヨネーズの効果でふわふわにやわらかくなります。

淡白なささみをしっかり味に

ガーリックマヨ

冷凍 **3**週間

材料 (2人分×2パック)

鶏ささみ…8本

A 塩‥小さじ²⁄₃
　マヨネーズ‥大さじ3
　にんにく(すりおろし)
　　‥大さじ½

作り方

1 ささみはペーパータオルで水けを押さえ、筋を取り除き、2等分のそぎ切りにする。
2 1とAを半量ずつ冷凍用保存袋に入れてよく揉み込む。

:冷凍 How to
袋の空気を抜いて平らにし、口を閉じ、バットにのせて冷凍する。

解凍 How to
50℃のぬるま湯に15分ほど浸して解凍する。

鶏ささみ
冷凍
冷蔵
時短
かさまし

10分
解凍時間は除く

arrange 1

衣をつけて焼くだけでしっかり旨い

ささみのピカタ

材料と作り方 (2人分)
1 ガーリックマヨ1パックは解凍する。ペーパータオルで水けを軽く押さえ、小麦粉を大さじ2をまぶす。
2 ボウルに卵1個を溶きほぐす。
3 フライパンにサラダ油大さじ2を中火で熱し、2にくぐらせた1を焼き色がつくまで焼きつけ、ひっくり返して2〜3分焼く。好みでトマトケチャップ適量を添える。

15分
解凍時間は除く

arrange 2

マヨネーズの旨味にコーンの甘味をプラス!

ささみとコーンのフリット

材料と作り方 (2人分)
1 ガーリックマヨ1パックは解凍する。コーンホール缶100gはペーパータオルで水けをしっかり押さえる。
2 ボウルにてんぷら粉50g、水¼カップを入れてよく混ぜ、ささみ、コーンを加えて混ぜる。
3 フライパンに揚げ油を1cm入れて180℃に熱し、ささみにコーンをからめながら入れ、片面2分ずつ揚げ、バットに立てかけるように油をきる。好みで粗びき黒こしょう・塩各少々をふる。

鶏ささみ

冷凍作りおき❷ 下味冷凍

プチプチしたごま入りの甘辛味が染み込んだ
下味冷凍。和風の献立が簡単にできる。

甘辛味にごまをプラスして香ばしく
ごましょうゆ漬け

冷凍
3週間

材料（2人分×2パック）

鶏ささみ…8本

A しょうゆ 大さじ3
　砂糖 大さじ3
　白いりごま 大さじ2
　ごま油 大さじ1

作り方

1 ささみはペーパータオルで水
けを押さえ、筋を取り除き、
3等分のそぎ切りする。

2 1とAを半量ずつ冷凍用保存
袋に入れてよく揉み込む。

冷凍 How to

袋の空気を抜いて平らにし、口を閉じ、バットにのせて冷凍する。

解凍 How to

50℃のぬるま湯に15分ほど浸して解凍する。

---

arrange 1

パプリカと炒めるだけ！あっという間の一品
ささみとパプリカのごま炒め

材料と作り方（2人分）

1 ごましょうゆ漬け1パックは解凍する。赤パプリカ1個は大きめの
乱切りにする。

2 フライパンにごま油小さじ1を熱し、中火でささみを炒め、色が変
わったらパプリカを加え、塩少々で味をととのえる。

10分
解凍時間は除く

arrange 2

もも肉に負けない旨さ。親子丼にするのもおすすめ
ささみの卵とじ

材料と作り方（2人分）

1 ごましょうゆ漬け1パックは解凍する。長ねぎ1本は1cm幅の斜め
切りにする。卵4個は塩少々を加えて溶いておく。

2 フライパンに長ねぎ、削り節3g、水½カップを入れて火にかけ、
煮立ったらささみを漬け汁ごと加え、蓋をして中火で4〜5分煮込
む。溶き卵を回しかけ、箸でゆるく混ぜながら半熟状態にする。

3 器に盛り、長ねぎの青い部分少々を小口切りにして散らす。好みで
一味唐辛子少々をふる。

10分
解凍時間は除く

冷蔵作りおきRecipe

鶏ささみ肉は繊維がやわらかいので、開いて野菜巻きや蒸し鶏に。蒸し鶏はほぐして きんぴらに入れるとボリュームも出て、副菜やお弁当、おつまみにもおすすめ。

冷蔵 **3**日　**15**分

鶏ささみ

冷凍 冷蔵

時短 かさまし

冷蔵 **3**日　**15**分

ラップに包んで簡単レンチン調理

ささみのねぎ梅みそロール

レンチンだけ

材料（4人分）

鶏ささみ…8本
万能ねぎ…16本
片栗粉…大さじ1

A みそ…大さじ2
　梅干し（塩分10%）…2個（30g）

作り方

1 ささみはペーパータオルで水けを押さえ、筋を取り除く。中央に切り目を入れて開き、軽くたたきながら平らにする。**A**の梅干しは種を取り除き、みそとよく混ぜておく。

2 ラップの上に開いたささみ1枚をのせ、片栗粉適量をふり、**A**を1/8量塗る。ささみの幅に切った万能ねぎの1/8量を巻き、さらにラップをきつめに巻き、キャンディー状に包んで上で縛る。これを8本作る。

3 耐熱皿に**2**をのせ、電子レンジで6分加熱し、そのまま粗熱を取る。食べやすい大きさに切る。

調理のpoint

ラップをしたまま保存すると、鶏肉がしっとりします。

あと一品ほしいときに、彩りのよい作りおき

ささみとにんじんの
きんぴら

レンチンだけ

材料（4人分）

鶏ささみ…8本
塩…小さじ1/2
酒…大さじ1
にんじん…2本

A しょうゆ…大さじ2
　砂糖…大さじ2
　赤唐辛子（輪切り）…1本分
　ごま油…大さじ1/2

作り方

1 ささみはペーパータオルで水けを押さえ、筋を取り除く。耐熱皿にのせ、塩をふり、酒を回しかける。ラップをしないで電子レンジで3分加熱し、ひっくり返して2分加熱し、そのまま1分ほどおく。

2 にんじんは細いせん切りにして耐熱ボウルに入れ、**A**を加えてよく混ぜる。ラップをしないで電子レンジで5分加熱し、**1**を細かくほぐしながら加え、よく混ぜる。

Memo　ごぼうを加えてもおいしくできます。

43

レンチンだけ 10分

レンチンささみにタレを混ぜるだけ

ささみともやしのねぎしょうゆダレ

材料（2人分）

鶏ささみ…4本
もやし…1袋（200g）
塩…小さじ½
しょうが（すりおろし）
　…小さじ½
酒…大さじ1
A万能ねぎ（小口切り）…5本分
　しょうゆ…大さじ1
　ごま油…大さじ1
　蒸し汁…大さじ1

作り方

1 ささみはペーパータオルで水けを押さえ、筋を取り除く。耐熱皿にのせ、塩、しょうがをなじませ、上にもやしをのせ、酒を回しかける。軽くラップをして電子レンジで4分加熱し、ひっくり返して2分加熱し、そのまま1分ほどおく。
2 粗熱が取れたら、ささみをほぐし、Aを加えて混ぜる。

フライパンひとつ 15分

フライパンひとつでタレまで作れる

ささみのもやしダレステーキ

材料（2人分）

鶏ささみ…4本
もやし…1袋（200g）
片栗粉…大さじ½
Aしょうゆ…大さじ1½
　酢…大さじ1
　砂糖…大さじ1
　しょうが（すりおろし）
　…小さじ½
　削り節…3g
ごま油…大さじ1
万能ねぎ（小口切り）…2本分
一味唐辛子…適宜

作り方

1 ささみはペーパータオルで水けを押さえ、筋を取り除く。たたいて平らに伸ばし、片栗粉をまぶす。
2 フライパンにごま油を熱し、中火で1を片面に焼き色がつくまで焼き、ひっくり返してもやしを加え、蓋をして3分ほど焼く。
3 ささみを器に取り出し、フライパンのもやしにAを加え、蓋をして弱めの中火で2分ほど加熱する。ささみにかけ、万能ねぎを散らし、好みで一味唐辛子をふる。

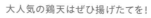

フライパンひとつ 10分

大人気の鶏天はぜひ揚げたてを！

ささみの青のり揚げ

材料（2人分）

鶏ささみ…4本
A青のり…小さじ1
　てんぷら粉…30g
　水…45㎖
揚げ油…適量
大根おろし…⅛本分
めんつゆ…適量

作り方

1 ささみはペーパータオルで水けを押さえ、筋を取り除き、3等分のそぎ切りにする。
2 ボウルにAを入れて混ぜ、衣を作る。
3 フライパンに揚げ油を1㎝入れて180℃に熱し、2にくぐらせた1を片面2分ずつ揚げ、バットに立てかけるように油をきる。器に盛り、大根おろしとめんつゆを添える。

火が通りやすい鶏ささみは、時短にぴったりの食材。加熱しすぎるとパサパサするので、さっと火を通すのがコツ。
蒸し鶏にしてサラダや和え物にしたり、衣をつけて揚げ物にしたりしても、おいしい！

面倒な衣つけもマヨネーズを使えば簡単

ささみのチーズパン粉焼き

15分 フライパンひとつ

材料（2人分）
鶏ささみ…4本
マヨネーズ…大さじ4
A パン粉…½カップ
　粉チーズ…大さじ2
　ドライバジル…小さじ½
オリーブ油…大さじ2
ベビーリーフ…適量

作り方
1 ささみはペーパータオルで水けを押さえ、筋を取り除き、3等分のそぎ切りにする。
2 1とマヨネーズを和え、よく混ぜたAをまぶす。
3 フライパンにオリーブ油を熱し、中火で2を片面2分ずつ焼きつける。器に盛り、ベビーリーフを添える。

セロリとゆかりの組み合わせが絶妙。お酒のおつまみにも◎

ささみとセロリの梅しそ和え

10分 レンチンだけ

材料（2人分）
鶏ささみ…4本
塩…小さじ⅓
酒…大さじ1
セロリ…1本
ゆかり（ふりかけ）…大さじ½

作り方
1 セロリの茎は斜め薄切りにする。
2 ささみはペーパータオルで水けを押さえ、筋を取り除く。耐熱皿にのせ、塩をふり、セロリの葉を半量ほどのせ、酒を回しかける。軽くラップをして電子レンジで4分加熱し、ひっくり返して1分加熱し、そのまま1分ほどおく。
3 粗熱が取れたら、ささみをほぐしながらボウルに入れる。セロリの茎、ゆかりを加え、よく混ぜる。

わさびが効いてるマヨネーズ味で食べごたえもあり

ささみとれんこんの和風サラダ

15分 レンチンだけ

材料（2人分）
鶏ささみ…4本
塩…小さじ½
酒…大さじ1
れんこん…½節（100g）
水菜…½袋
A マヨネーズ…大さじ3
　わさび…小さじ1

作り方
1 水菜は4cm長さに切り、水にさらして水けをきり、冷蔵庫で冷やす。れんこんは皮をむき、薄めの乱切りにし、水にさらして水けをきる。
2 ささみはペーパータオルで水けを押さえ、筋を取り除き、耐熱皿にのせる。塩をふり、酒を回しかけ、れんこんをのせる。軽くラップをして電子レンジで4分加熱する。いったん取り出し、ささみをれんこんの上におき、ラップをし直し、さらに1分30秒加熱する。そのまま1分ほどおいて粗熱を取り、ささみをほぐす。
3 ボウルにAを入れ、2を加えて混ぜ、塩少々（分量外）で調味する。水菜を敷き詰めた器にのせる。

鶏ささみ
冷凍
冷蔵
時短
かさまし

鶏ひき肉

鶏ひき肉は、もも肉とむね肉をミンチにしたものがあります。料理によって使い分けるのが◎。傷みやすいので上手に保存して。

下ごしらえ&保存方法

保存容器に移して早めに使う。

保存容器の底にペーパータオルを折って敷き、使い切れる量を入れる。

冷蔵 2日

ラップに包み、冷凍用保存袋に入れ、冷凍する

200gずつラップに包み、冷凍用保存袋に入れ、袋の空気を抜いて口を閉じ、冷凍する。

冷凍 3週間

ジャンボパック 約2kg分

下味冷凍

ごまみそしょうが
→P47

冷凍 3週間 **400g**

ピリ辛しょうゆ
→P48

冷凍 3週間 **400g**

冷蔵作りおき

五目そぼろ
→P49

冷蔵 3日 **400g**

かぼちゃのそぼろ煮
→P49

冷蔵 3日 **400g**

時短

鶏ひき肉と白菜のミルフィーユ
→P50

20分 **200g**

鶏ひき肉とセロリのエスニック炒め
→P51

10分 **200g**

みそとしょうがを効かせた下味は、肉団子にしてスープや肉詰めにしたり、
そぼろにしたりといろいろ使えて便利です。

すりごま入りの和風にアレンジしやすい下味

ごまみそしょうが

冷凍 **3**週間

材料（2人分×2パック）

鶏ひき肉…**400g**
みそ…大さじ3
しょうが（すりおろし）
　…小さじ1
白すりごま…大さじ3

作り方

1 ボウルに全ての材料を入れて混ぜる。

2 1を半量ずつ冷凍用保存袋に入れる。

冷凍 How to
袋の空気を抜いて平らにし、口を閉じ、バットにのせて冷凍する。

解凍 How to
50℃のぬるま湯に5分ほど浸して解凍する。

鶏ひき肉

冷凍　冷蔵　時短　かさまし

20分
解凍時間は除く

arrange 1

肉団子の下味が調味料代わり

鶏肉団子と大根のスープ

材料と作り方（2人分）

1 ごまみそしょうが1パックは解凍し、細かく崩した小町麩15gを加えてよく混ぜ、6等分に丸めて肉団子を作る。大根¼本（200g）はスライサーで薄い輪切りにする。

2 鍋に大根、水2カップ、酒大さじ2を入れ、煮立ったら1の肉団子を加える。再び煮立ったら蓋をして弱めの中火で10分ほど煮込み、塩小さじ⅓、削り節3gを加え、ひと混ぜする。器に盛り、小口切りにした万能ねぎ2本分を散らす。

15分
解凍時間は除く

arrange 2

マヨネーズときのこの旨味をプラス

しいたけの肉詰め

材料と作り方（2人分）

1 ごまみそしょうが1パックは解凍する。しいたけ10枚は石づきを落とし、軸はみじん切りにする。

2 ひき肉にしいたけの軸、片栗粉大さじ2をよく混ぜ、10等分に分ける。しいたけのかさの内側に片栗粉大さじ½をふり、肉だねを詰める。

3 フライパンにマヨネーズ大さじ2を熱し、2を肉の面を下にして入れ、弱めの中火で蓋をして5分ほど焼きつける。ひっくり返して強めの中火で1〜2分焼き、焼いているうちに出てきた汁をからめるように焼く。

鶏ひき肉

冷凍作りおき❷　下味冷凍

赤唐辛子がアクセントのピリ辛味は、
ごはんやうどんにぴったりのそぼろに。

赤唐辛子を効かせた味つけで使い勝手が◎

ピリ辛しょうゆ

冷凍
3週間

材料（2人分×2パック）

鶏ひき肉…400g
しょうゆ…大さじ3
砂糖…大さじ2
赤唐辛子（輪切り）…1本分

作り方

1 ボウルに全ての材料を入れて
混ぜる。

2 1を半量ずつ冷凍用保存袋に
入れる。

冷凍 How to

袋の空気を抜いて平らにし、口を閉じ、バットにのせて冷凍する。

解凍 How to

50℃のぬるま湯に5分ほど浸して解凍する。

---

arrange 1

いんげんと炒めるだけで簡単！

鶏といんげんのそぼろ

10分
解凍時間は除く

材料と作り方（2人分）

1 ピリ辛しょうゆ1パックは解凍する。さやいんげん10〜12本
（100g）は7mm幅に切る。

2 フライパンにサラダ油小さじ1を熱し、中火でひき肉を色が変わる
まで炒め、いんげんを加え、水分を飛ばすように2〜3分炒める。

---

arrange 2

ひき肉をほぐさないで炒めると食べごたえアップ

焼きうどん

10分
解凍時間は除く

材料と作り方（2人分）

1 ピリ辛しょうゆ1パックは解凍する。長ねぎ1本は1cm幅の斜め切
りにする。

2 フライパンにごま油大さじ1を熱し、強めの中火でひき肉を色が変
わるまで炒める。長ねぎとゆでうどん2人分を加え、長ねぎがしん
なりするまで炒め、塩少々で味をととのえる。器に盛り、削り節
3gをかける。

鶏ひき肉

冷凍

冷蔵

時短

かさまし

冷蔵 3日 15分

冷蔵 3日 15分

もう一品ほしいときに！彩りがよくお弁当にも◎　フライパンひとつで

五目そぼろ

材料（4人分）

鶏ひき肉…400g
にんじん…1本
さやいんげん
　…10〜12本(100g)
長ねぎ…½本
しいたけ…4枚(100g)

Aしょうゆ…¼カップ
　砂糖…大さじ3
　削り節…3g

作り方

1 にんじん、長ねぎ、しいたけは粗みじん切り、いんげんは5mm幅に切る。
2 フライパンに鶏ひき肉を入れ、強めの中火で炒め、脂が出てきたらいんげん以外の野菜を加え、にんじんがやわらかくなるまで炒める。
3 いんげん、Aを加え、水分を飛ばすように炒める。

（　代わりの食材　）
材料の野菜は、同量の冷蔵庫の余り野菜を使ってもおいしく作れます。

ひき肉の旨味が染みたかぼちゃが美味　鍋ひとつで

かぼちゃのそぼろ煮

材料（4人分）

鶏ひき肉…400g
かぼちゃ…¼個(400g)
しょうが(すりおろし)…小さじ1

A水…1カップ
　しょうゆ…大さじ2
　みりん…大さじ2
　削り節…3g
ごま油…小さじ1

作り方

1 かぼちゃは皮の硬いところを中心にところどころそぎ落とし、一口大の乱切りにする。
2 鍋にごま油を熱し、中火でひき肉を崩しながら炒め、色が変わったらかぼちゃ、しょうがを加え、油が回るように炒める。
3 Aを加え、落とし蓋をしてから蓋をし、8〜10分煮込み、そのまま10分ほどおく。

Memo　かぼちゃをつぶして、ひき肉といっしょに成形し、衣をつけてコロッケにしてもおいしいです。

49

フライパンひとつで ⏱15分

フライパンひとつでソースまでからめる

ごろっとごぼうバーグ

材料（2人分）

A 鶏ひき肉…200g
　片栗粉…大さじ2
　みそ…大さじ½
　酒…大さじ½
ごぼう…⅓本（80g）
B しょうゆ…大さじ1
　はちみつ…大さじ1
　水…大さじ1
サラダ油…大さじ½

作り方

1 ごぼうは粗みじん切りにし、水にさらしてアクを抜き、水けをしっかりきる。**B**は混ぜ合わせておく。

2 ボウルにごぼう、**A**を入れてよくこね、2等分して空気を抜くように1.5cm厚さの楕円形に成形する。

3 フライパンにサラダ油を熱し、強めの中火で2を焼き目がつくまで焼きつける。ひっくり返し、蓋をして弱めの中火で5分ほど焼き、**B**を加え、強めの中火でからめるように焼く。

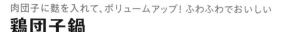

金串ひとつで ⏱20分

肉団子に麩を入れて、ボリュームアップ！ふわふわでおいしい

鶏団子鍋

材料（2人分）

A 鶏ひき肉…200g
　小町麩（細かく崩す）…10g
　削り節…3g
　みそ…大さじ1½
　酒…大さじ1
万能ねぎ…8本（60g）
もやし…1袋（200g）
木綿豆腐…½丁
B 水…2カップ
　酒…大さじ1
　塩…小さじ½〜⅔
塩…少々

作り方

1 万能ねぎは、根元5cmを小口切りにし、残りは6cm長さに切る。豆腐は4等分に切る。

2 ボウルに**A**、万能ねぎの小口切りを入れてよく混ぜ、6等分して丸める。

3 鍋に**B**を入れて火にかけ、煮立ったら2を加える。アクを取りながら煮立たせ、もやし、豆腐を加え、塩で味をととのえる。残った万能ねぎを加え、再度、煮立たせる。

レンチンだけ ⏱20分

ミルフィーユもソースもレンチンで

鶏ひき肉と白菜のミルフィーユ

材料（2人分）

A 鶏ひき肉…200g
　オイスターソース…大さじ1
　豆板醤…小さじ1
　片栗粉…大さじ½
白菜…2枚（250g）
B トマトケチャップ…大さじ2
　オイスターソース…大さじ½
　片栗粉…小さじ½
　水…大さじ1

作り方

1 白菜は長さを3等分に切る。根元⅓は粗みじん切りにしてボウルに入れ、**A**を加えてよくこねる。

2 直径15cmの耐熱ボウルにラップを敷き、白菜の¼量を入れ、肉だねの⅓量をのせて密着させ、残りも同様に繰り返す（最後は白菜）。軽くラップをして電子レンジで8分加熱し、そのまま5分ほどおいたら汁は残して器に盛る。

3 2の汁に**B**を加えてよく混ぜ、ラップをしないで1分加熱してとろみをつけ、2にかける。

そのまま炒め物や重ね蒸しなどに使えるから便利。少し余裕のある日は、ハンバーグや肉団子にしておいしくいただきましょう。
鶏ひき肉を加えた旨味たっぷりのつけつゆもおすすめ。

削り節でだしいらずの旨煮
鶏ひき肉とたけのこの甘辛煮

材料（2人分）
鶏ひき肉…200g
たけのこ（水煮）…250g
しょうが（すりおろし）
　…小さじ1
赤唐辛子（輪切り）…½本分
Aしょうゆ…大さじ1½
　砂糖…大さじ1½
　水…¼カップ
削り節…3g

作り方
1 たけのこは1cm角に切る。
2 フライパンにひき肉、赤唐辛子、しょうがを中火で熱し、1を加えて全体に脂を回し、Aを加える。落とし蓋をしてから蓋をし、途中混ぜながら弱めの中火で10分ほど煮る。
3 蓋を外して強火で煮詰め、削り節を加えて混ぜる。

15分 フライパンひとつで

さっと炒めるだけ！ セロリとナンプラーで本格的
鶏ひき肉とセロリのエスニック炒め

材料（2人分）
鶏ひき肉…200g
セロリ…1本
赤唐辛子（輪切り）…½本分
にんにく（すりおろし）
　…小さじ1
Aナンプラー…小さじ2
　砂糖…大さじ½

作り方
1 セロリの茎は1cm幅の斜め切りにし、葉は5mm幅に切る。
2 フライパンにひき肉、セロリの葉の半量、赤唐辛子、にんにくを入れて強めの中火で炒め、肉の色が変わったらAを加えてさらに炒める。
3 セロリの茎を加え、1分ほどからめながら炒める。器に盛り、残りのセロリの葉を散らす。

10分 フライパンひとつで

にらとごま油がアクセント。何をつけても◎
鶏にらつけそば

材料（2人分）
鶏ひき肉…200g
にら…¼束
Aめんつゆ（3倍濃縮）
　…¼カップ
　水…½カップ
ごま油…小さじ1
そば…2人分

作り方
1 そばは袋の表示通りにゆでる。にらは7mm幅に切る。
2 鍋にごま油を熱し、ひき肉、にらを加え、中火でほぐしながら炒め、肉の色が変わったらAを加えて煮立たせる。
3 器に盛り、そばを添える。

代わりの食材
にらの代わりに万能ねぎや長ねぎを入れてもおいしいです。

15分 鍋ひとつで

豚こま切れ肉

ジャンボパックの定番といえば、豚こま切れ肉。いろいろな部位が入っているので旨味もあって食べごたえも栄養も満点です。

肉が大きい場合はキッチンバサミで切る

肉が大きい場合は食べやすい大きさに切って。キッチンバサミを使うと便利。

ラップに包み、冷凍用保存袋に入れ、冷凍する

冷凍 3週間

200gずつラップに包み、冷凍用保存袋に入れ、袋の空気を抜いて口を閉じ、冷凍する。

ジャンボパック 約2kg分

冷凍ミールキット

豚肉のトマト煮
→P53

冷凍 3週間 **400g**

下味冷凍

旨だし
→P54

冷凍 3週間 **400g**

ペッパーガーリックオイル→P55

冷凍 3週間 **400g**

冷蔵作りおき

豚肉ときのこのオイル炒め
→P57

冷蔵 3日 **400g**

時短

ポークチャップ
→P58

15分 **200g**

ホールトマト缶と玉ねぎがあれば、簡単に仕込めるミールキット。
食べるときは、フライパンで炒めるだけ。ごはんにたっぷりかけて召し上がれ。

ポークハヤシライスに!

豚肉のトマト煮

冷凍 **3**週間

豚こま切れ肉

冷凍
冷蔵
時短
かさまし

材料（2人分×2パック）
豚こま切れ肉…400 g
A にんにく（すりおろし）…大さじ½
　ドライバジル…小さじ1
　塩…小さじ1
　こしょう…小さじ½
玉ねぎ…1個
ホールトマト缶（水煮）…1缶
中濃ソース…¼カップ

作り方
1 玉ねぎは薄切りにする。豚肉は一口大に切り、Aを揉み込む。
2 冷凍用保存袋に**1**、大きめにくずしたトマト缶、中濃ソースをそれぞれ半量ずつ入れ、混ぜる。

:冷凍 **How to**
袋の空気を抜いて平らにし、口を閉じ、バットにのせて冷凍する。

cooking

解凍 **How to**
凍ったまま袋から出し、フライパンに入れて調理する。

材料と作り方（2人分）
フライパンにオリーブ油大さじ½、凍ったままの豚肉のトマト煮1パックを入れ、蓋をして中火で6〜7分、途中ほぐしながら加熱する。肉がほぐれたら強めの中火で水分を飛ばすように炒め、塩・こしょう各少々で味をととのえる。器に温かいごはん適量と一緒に盛りつけ、好みでパセリ（みじん切り）少々を散らす。

15分

アレンジするときもだしいらずの旨味

旨だし

冷凍
3週間

材料 (2人分×2パック)
豚こま切れ肉…400g
A 昆布茶…大さじ1
　 削り節…5g

作り方
1 豚肉は一口大に切り、Aをよく揉み込む。
2 1を半量ずつ冷凍用保存袋に入れる。

:冷凍 How to

袋の空気を抜いて平らにし、口を閉じ、バットにのせて冷凍する。

解凍 How to

50℃のぬるま湯に15分ほど浸して解凍する。

arrange 1

冬瓜に旨だしが染み込むスープ

豚肉と冬瓜のスープ煮

20分
解凍時間は除く

材料と作り方
1 旨だし1パックは解凍する。冬瓜⅛個(200g)はピーラーで皮を薄くむき、ワタを取り除き、一口大の乱切りにする。長ねぎ½本は2cm幅に切る。
2 鍋にごま油大さじ½を熱し、中火で豚肉を炒め、色が変わったら水2½カップ、冬瓜、長ねぎを加え、アクを取り除きながら煮立て、落とし蓋をしてから蓋をし、10〜15分煮込む。冬瓜に竹串がすっと通ったら塩小さじ½、粗びき黒こしょう少々で味をととのえる。

arrange 2

ちぎったキャベツの食感がおいしい

豚肉とキャベツの和風炒め

10分
解凍時間は除く

材料と作り方
1 旨だし1パックは解凍し、片栗粉小さじ1をまぶす。キャベツ¼個(250g)は大きめにちぎり、芯は薄切りにする。
2 フライパンにごま油大さじ1を熱し、強火で豚肉、しょうが(すりおろし)小さじ½を炒める。色が変わったらキャベツを加え、酒大さじ1を回しかけて炒め、塩・こしょう各少々で味をととのえる。

にんにくと粗びき黒こしょうのパンチのある下味は、炒め物やパスタなど、洋風のおかず作りに。オイルをからめているから、しっとりやわらか。

豚こま切れ肉

冷凍

冷蔵

時短

かさまし

にんにくがこま切れ肉の旨味を引き出す

ペッパーガーリックオイル

冷凍
3週間

材料（2人分×2パック）

豚こま切れ肉…400g

A　にんにく（すりおろし）
　　　…大さじ½
　　　塩…小さじ1
　　　粗びき黒こしょう…小さじ½
　　　オリーブ油…大さじ2

作り方

1 豚肉は一口大に切り、**A**をよく混ぜる。

2 1を半量ずつ冷凍用保存袋に入れる。

冷凍 How to

袋の空気を抜いて平らにし、口を閉じ、バットにのせて冷凍する。

解凍 How to

50℃のぬるま湯に15分ほど浸して解凍する。

10分
解凍時間は除く

arrange 1

にんにく下味にトマトがぴったり

豚肉とトマトのさっと煮

材料と作り方

1 ペッパーガーリックオイル1パックは解凍する。トマト2個は大きめの乱切りにする。

2 フライパンにオリーブ油大さじ½を熱し、強めの中火で豚肉を炒める。色が変わったらトマトを加え、酒大さじ2を加えて煮立たせる。器に盛り、万能ねぎ（小口切り）2本分をかける。

10分
解凍時間は除く

arrange 2

赤唐辛子を加えてごはんも進むボリュームおかずに

豚肉と玉ねぎのペペロンチーノ

材料と作り方

1 ペッパーガーリックオイル1パックは解凍する。玉ねぎ1個は1cm幅のくし形切りにする。

2 フライパンにオリーブ油大さじ½を熱し、中火で豚肉、赤唐辛子（輪切り）½本分を炒める。肉の色が変わったら玉ねぎを加えてさらに炒め、塩少々で味をととのえる。器に盛り、あればパセリ（みじん切り）少々を散らす。

豚こま切れ肉

冷蔵 **3日** ⟳ **30分**

冷蔵 **3日** ⟳ **10分**

カレーがあれば、あとはごはんを炊くだけ

鍋高ひとつで

ポークカレー

材料（4人分）

豚こま切れ肉…400g	A 水…3カップ
玉ねぎ…2個	トマトケチャップ…大さじ3
にんにく（すりおろし）	中濃ソース…大さじ3
…大さじ1	はちみつ…大さじ½
しょうが（すりおろし）	塩…小さじ1
…大さじ1	こしょう…小さじ½
カレー粉…大さじ3	バター…20g
小麦粉…大さじ3	

作り方

1 玉ねぎは薄切りにする。豚肉は一口大に切る。

2 鍋にバターを熱し、強めの中火で玉ねぎ、にんにく、しょうがを炒める。玉ねぎがうっすらカラメル色に色づいたらカレー粉を加え、香りが出たら豚肉を加えて色が変わるまで炒める。小麦粉を加えてさらに炒める。

3 Aを加えて煮立たせ、途中混ぜながら中火で10分ほど煮込み、塩、こしょうで味をととのえる。

肉と一緒に野菜もしっかりとれる

フライパンひとつで

豚肉と小松菜の焼き浸し

材料（4人分）

豚こま切れ肉…400g	みりん…大さじ3
小松菜…1束（200g）	塩…小さじ⅓
A 削り節…6g	水…1½カップ
酒…大さじ2	ごま油…大さじ½
しょうゆ…大さじ2	

作り方

1 小松菜は茎と葉を切り分け、茎は2等分、葉は4等分に切る。豚肉は一口大に切る。

2 フライパンにごま油を熱し、中火で豚肉を炒め、色が変わったら小松菜の茎を加えてさっと炒め、Aを加える。煮立ったら小松菜の葉を加えてひと混ぜする。

調理のPoint

小松菜は茎と葉に分け、火が通りにくい茎から炒めます。葉は最後に加えてさっと煮るだけでOK！

豚こま切れ肉はどんな料理にもよく合ううえ、火の通りが早いのが特徴。たっぷり作るなら、カレーや炒め物、クリーム煮など
バリエーション豊かに作りおきしておきましょう。

冷蔵 **3**日　**15**分

オイルときのこが好相性。食物繊維もとれて◎　 フライパンひとつで

豚肉ときのこのオイル炒め

材料（4人分）

豚こま切れ肉…400g
しめじ・エリンギ
　…合わせて3パック（300g）
A にんにく（すりおろし）
　　…大さじ½
　赤唐辛子（輪切り）…1本分

塩…小さじ1
粗びき黒こしょう
　…小さじ½
塩…少々
オリーブ油…大さじ2

作り方

1 豚肉は一口大に切り、Aを揉み込む。しめじは石づきを落とし、大きめにほぐす。エリンギは長さを半分に切り、さらに縦4等分に切る。

2 フライパンにオリーブ油を熱し、強めの中火で豚肉を炒める。色が変わったらきのこを加えて焼きつけるように炒め、塩で味をととのえる。

Memo　オイルが残ったら、好みの具材を炒めて、ゆでたパスタにかけたり、和えたりしてもおいしいです。

冷蔵 **3**日　**15**分

ほっとする味わい。クリームのコクが◎　 フライパンひとつで

豚肉と白菜のクリーム煮

材料（4人分）

豚こま切れ肉…400g
A 塩…小さじ½
　こしょう…小さじ½
　小麦粉…大さじ1½
白菜…¼個（500g）
長ねぎ…1本

小麦粉…大さじ½
B 牛乳…2カップ
　しょうが（すりおろし）
　　…大さじ½
　塩…小さじ½
バター…50g

作り方

1 白菜は縦半分、横3cm幅に切る。長ねぎは7mm幅の斜め切りにする。豚肉は一口大に切り、Aをまぶす。

2 フライパンにバターを熱し、中火で豚肉を炒め、色が変わったら長ねぎ、白菜を加える。白菜がしんなりしたら小麦粉を全体にふって炒め、Bを加える。煮立ったら中火でとろみがつくまで煮込む。

Memo　ゆでたブロッコリーなどを彩りで添えても◎。

10分

鶏がらの旨味を効かせて手早くおいしく

豚肉とキャベツのさっと炒め風

材料（2人分）

豚こま切れ肉…200g
A 鶏がらスープの素…小さじ1
　しょうが（すりおろし）
　　…小さじ½
　片栗粉…大さじ½
キャベツ…¼個（250g）
酒…大さじ1
鶏がらスープの素…小さじ1

作り方

1 豚肉は一口大に切り、Aを揉み込む。キャベツは大きめにちぎり、芯は薄く切る。

2 耐熱ボウルにキャベツの⅓量、豚肉の½量を重ならないようにのせ、キャベツ、豚肉、キャベツの順に重ね、鶏がらスープの素、酒を回しかける。軽くラップをして電子レンジで8分加熱し、よく混ぜる。

15分

黒酢とオイスターソースの旨味が染みる

豚肉と里いもの黒酢煮風

材料（2人分）

豚こま切れ肉…200g
A 黒酢…大さじ2
　鶏がらスープの素…小さじ1
　はちみつ…大さじ½
　オイスターソース…大さじ1
　片栗粉…大さじ½
里いも…3〜4個（300g）
酒…大さじ½

作り方

1 里いもは7㎜幅の輪切りにする。豚肉は一口大に切り、Aを揉み込む。

2 耐熱皿に里いもを入れて酒を回しかけ、軽くラップをして電子レンジで5分加熱する。豚肉を加え、軽くラップをしてさらに5分加熱し、よく混ぜる。

マッシュルーム缶を汁ごと使って味に深みを

ポークチャップ

材料（2人分）

豚こま切れ肉…200g
A 塩…小さじ⅓
　粗びき黒こしょう…少々
　小麦粉…大さじ1
玉ねぎ…1個
マッシュルーム缶（水煮）
　…1缶（90gうち固形50g）
B トマトケチャップ…大さじ4
　中濃ソース…大さじ2
　にんにく（すりおろし）
　　…小さじ1
塩・こしょう…各少々
バター…10g
パセリ（みじん切り）…適宜

作り方

1 玉ねぎは縦8等分に切る。豚肉は一口大に切り、Aをまぶす。

2 フライパンにバターを熱し、強めの中火で豚肉を炒める。色が変わったら玉ねぎを加えてしんなりするまで炒め、B、マッシュルーム缶を汁ごと加え、煮立ったら蓋をして中火で10分ほど煮込む。塩、こしょうで味をととのえる。器に盛り、好みでパセリをふる。

フライパンひとつでできるおかずから、電子レンジでチンするだけのおかずまで、豚こま切れ肉を使った簡単な一品をご紹介！ サルティンボッカは意外に簡単にできるので、気持ちの余裕があるときにぜひ！

調味料を揉み込んだ玉ねぎが旨さの秘密

しょうが焼き

材料（2人分）
豚こま切れ肉…200g
A 塩…小さじ¼
　 こしょう…少々
　 小麦粉…大さじ1
B 玉ねぎ（薄切り）…½個分
　 しょうゆ…大さじ2
　 みりん…大さじ2
　 しょうが（すりおろし）
　 　…小さじ1
サラダ油…大さじ½
キャベツ（せん切り）…¼個分

作り方
1 豚肉は一口大に切り、Aをまぶす。Bはポリ袋に入れてよく揉み込む。
2 フライパンにサラダ油を熱し、中火で豚肉を焼きつけ、Bを加え、強めの中火でからめる。
3 器にキャベツを敷き、2を全体にのせる。

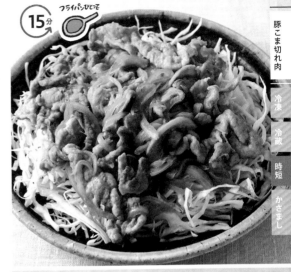

15分 フライパンひとつで

生ハムの塩気が効いた、ちょっとおしゃれなイタリア料理

サルティンボッカ

材料（2人分）
豚こま切れ肉…200g
生ハム…4枚
粉チーズ…大さじ2
バジル（ドライでも可）…少々
小麦粉…大さじ½
オリーブ油…大さじ1
粗びき黒こしょう…少々
ベビーリーフ…適量
レモン…適宜

作り方
1 生ハム1枚を広げ、全体に粉チーズの¼量、バジルの順に重ねる。その上に豚肉半量を広げ、バジル、粉チーズの¼量の順に重ね、生ハムで挟む。これを2個作り、小麦粉をまぶす。
2 フライパンにオリーブ油を熱し、中火で火が通るまで1を片面2分ずつ焼きつける。
3 ベビーリーフとともに器に盛り、粗びき黒こしょうをふり、好みでレモンを添える。

20分 フライパンひとつで

コンソメ味のサクサク食感でおかずにも、おつまみにも◎

サクサクトンから

材料（2人分）
豚こま切れ肉…200g
コンソメスープの素
　　…小さじ2
A 小麦粉…大さじ2
　 片栗粉…大さじ2
揚げ油…適量

作り方
1 豚肉は一口大に切り、コンソメスープの素を揉み込み、Aをまぶす。
2 フライパンに揚げ油を1cm入れて180℃に熱し、1を片面がカリッとなるまで揚げ、ひっくり返してさらに2分ほど揚げ、バットに立てかけるように油をきる。

調理のPoint
Aをまぶすときに肉を広げながらまぶすと、かたまりにならず、揚げるときに火の通りもよいです。

15分 フライパンひとつで

豚こま切れ肉

冷凍

冷蔵

時短

かさまし

豚かたまり肉

1kg単位で安売りしていることが多い豚かたまり肉。肩ロース、バラ肉は切り分けて上手に保存を。ボリューム満点のおかず作りに。

下ごしらえ&保存方法

ゆで汁ごと保存

`冷蔵 3日`

肉の重さの6%の塩をすり込み、ラップをして冷蔵庫に一晩おく。鍋に肉とかぶるくらいの水を入れて煮立たせ、中火で30〜40分ゆで、そのまま冷ます。

ラップに包み、保存容器に入れる

`冷蔵 3日`

300gに切り分け、ラップでぴっちり包み、蓋つきの保存容器に入れ、蓋をして冷蔵する。

ジャンボパック

豚肩ロースかたまり肉　約1kg分
豚バラかたまり肉　約1kg分

下味冷凍

みそ漬け
→P61

`冷凍 3週間` `600g`

バーベキュー
→P62

`冷凍 3週間` `400g`

冷蔵作りおき

豚の角煮
→P63

`冷蔵 3日` `600g`

チャーシュー
→P63

`冷蔵 3日` `600g`

時短

豚テリ
→P64

`10分` `300g`

ルーローハン
→P64

`20分` `200g`

ゆずこしょうの効いた甘みそ味は、そのままグリルで焼いても美味。
牛乳や豆乳などのクリームソースとの相性もいいので洋風のおかずにも。

かたまり肉の旨味を引き出す
みそ漬け

冷凍 3週間

豚かたまり肉　冷凍　冷蔵　時短　かざまし

材料（2人分×2パック）
豚肩ロースかたまり肉
…600g
A　みそ…大さじ4
　はちみつ…大さじ4
　ゆずこしょう
　…小さじ1

作り方
1 豚肉は12等分に切り、6切れずつペーパータオルで挟み、よく混ぜた**A**を両面に塗り、ラップでぴったり包む。
2 冷凍用保存袋に1包みずつ入れる。

冷凍 How to
袋の空気を抜いて平らにし、口を閉じ、バットにのせて冷凍する。

解凍 How to
50℃のぬるま湯に15分ほど浸して解凍する。

10分
解凍時間は除く

arrange 1
みそと牛乳は相性抜群。いつものポークソテーに変化を
和風クリームソースのポークソテー

材料と作り方（2人分）
1 みそ漬け1パックは解凍してペーパータオルをはがし、粗びき黒こしょう少々、小麦粉大さじ½をまぶす。
2 小麦粉大さじ1に牛乳¾カップを少しずつ混ぜる。
3 フライパンにバター20gを熱し、中火で1を焼き色がつくまで焼き、ひっくり返して蓋をして3分ほど焼く。2を加え、とろみがつくまで煮詰める。器に盛り、ベビーリーフ適量を添える。

10分
解凍時間は除く

arrange 2
みそとごま油の香ばしさがたまらない!
豚肉としし唐のみそ焼き

材料と作り方（2人分）
1 みそ漬け1パックは解凍してペーパータオルをはがす。しし唐辛子10本は竹串で2か所穴をあけ、ポリ袋に入れ、ごま油小さじ1、塩少々を加えて和える。
2 魚焼きグリルに豚肉、しし唐を入れ、ひっくり返しながら弱火で7〜8分焼く。しし唐は焼き色がついたら途中で取り出す。

マーマレードを効かせたバーベキュー味で、豚バラ肉をこってり味のおかずに。

豚バラの脂の旨味を生かして

バーベキュー

冷凍
3週間

材料（2人分×2パック）
豚バラかたまり肉
　…400g
A しょうゆ…大さじ3
　マーマレード…大さじ4
　にんにく（すりおろし）
　…小さじ1

作り方
1 豚肉は1cm厚さに切り、Aを揉み込む。
2 1を半量ずつ冷凍用保存袋に入れる。

冷凍 How to
袋の空気を抜いて平らにし、口を閉じ、バットにのせて冷凍する。

解凍 How to
50℃のぬるま湯に15分ほど浸して解凍する。

---

arrange 1

こってりして食べごたえ◎！ レタス巻いて食べてもおいしい

豚肉と玉ねぎのサムギョプサル風

材料と作り方（2人分）
1 バーベキュー1パックは解凍する。玉ねぎ½個は薄切りにする。
2 フライパンにサラダ油小さじ1を熱し、中火で豚肉を片面に焼き色がつくまで焼き、ひっくり返して玉ねぎを加え、3〜4分焼く。
3 器に豚肉を盛り、キッチンバサミなどで一口大に切る。フライパンに残ったタレと玉ねぎを炒めからめてから肉にかけ、コチュジャン適量、ちぎったレタス適量を添える。

10分
解凍時間は除く

arrange 2

買いおきのコーン缶があればすぐできる！

豚肉とコーンの甘辛炒め

材料と作り方（2人分）
1 バーベキュー1パックは解凍する。玉ねぎ½個は粗みじん切り、コーンホール缶100gは水けをしっかりきる。
2 フライパンにサラダ油小さじ1を熱し、強めの中火で豚肉を焼きつけ、ひっくり返して玉ねぎ、コーンを加え、4〜5分焼きつけながら炒める。器に豚肉を盛り、玉ねぎとコーンをかける。好みで粗びき黒こしょう少々をふる。

10分
解凍時間は除く

冷蔵作りおきRecipe

かたまり肉ならではのド定番おかずを作りおきしましょう。
角煮は下ゆでいらずだから簡単。チャーシューも作っておくと重宝します。

冷蔵 **3**日　**50**分

冷蔵 **3**日　**15**分　漬け時間は除く

ゆで卵も一緒に漬けてボリュームアップ

豚の角煮

　フライパンひとつで

材料（4人分）

豚バラかたまり肉…600g
長ねぎ…2本
A しょうが（すりおろし）
　　…小さじ1
　しょうゆ…¼カップ

砂糖…大さじ3
酒…大さじ2
みりん…大さじ2
水…1½カップ
ゆで卵…2個

作り方

1 長ねぎは5cm長さに切る。豚肉は1.5cm厚さに切る。

2 フライパンに豚肉を並べ、中火でひっくり返しながら5分ほど焼きつけ、余分な脂をペーパータオルで拭き取る。

3 豚肉の上に長ねぎを覆うようにのせ、**A**を加える。煮立ったら、落とし蓋をしてから蓋をし、弱めの中火で20〜30分煮込む。ゆで卵を加え、そのまま粗熱が取れるまでおく。

調理のPoint
ゆで卵はしっかり火を通して固ゆでにしてから漬けましょう。

魚焼きグリルで作る簡単チャーシュー

チャーシュー

グリル + レンチン

材料（4人分）

豚肩ロースかたまり肉…600g
A しょうゆ…大さじ2
　はちみつ…大さじ2
　みそ…大さじ1
　コチュジャン…大さじ1

しょうが（すりおろし）
　…小さじ1
にんにく（すりおろし）
　…小さじ1

作り方

1 豚肉は厚さが均一になるよう半分に切り、筋切りする。ポリ袋に入れ、**A**を加えてよく揉み込み、冷蔵庫で一晩おく。

2 豚肉を魚焼きグリルの弱火で火が通るまで10〜12分焼き、そのまま粗熱が取れるまでおく。

3 漬け込んだタレは耐熱皿に入れ、ラップをしないで電子レンジで1〜2分加熱して煮立たせ、粗熱を取る。保存容器に入れ、**2**を加えてからめる。

調理のPoint
筋切りは、赤身と脂身の境目にある筋に包丁の先を立てて入れて何か所か切ります。加熱した時に肉が反るのを防ぎます。

豚かたまり肉

冷凍　冷蔵　時短　かさまし

フライパンひとつで　10分

食欲をそそる豚の照り焼き

豚テリ

材料（2人分）

豚肩ロースかたまり肉…300g
小麦粉…大さじ½
赤パプリカ…1個
A しょうゆ…大さじ1½
　　砂糖…大さじ1
　　みりん…大さじ1
サラダ油…小さじ1

作り方

1 パプリカは縦12等分に切る。豚肉は4等分に切り、小麦粉をまぶす。Aは混ぜ合わせておく。
2 フライパンにサラダ油を熱し、強めの中火で豚肉の片面を2〜3分焼く。ひっくり返してパプリカを加え、蓋をして3分ほど焼き、Aを加えて強めの中火でからめる。

Memo 蓋をして蒸し焼きにするのが時短のポイント！ 小さく切ってお弁当に入れても◎。

レンチンだけ　20分

レンチンした豚肉の漬け汁に卵も漬けて

ルーローハン

材料（2人分）

豚バラかたまり肉（脂身の少ないところ）…200g
長ねぎ…1本
ゆで卵…2個
A しょうゆ…大さじ1½
　　砂糖…大さじ1½
　　酒…大さじ1
　　五香粉…小さじ⅓
温かいごはん…2人分
パクチー…適宜

作り方

1 長ねぎは1cm幅に切る。豚肉は1.5cm角に切る。
2 耐熱ボウルに1、Aを入れてよく揉み込み、軽くラップをして電子レンジで5分加熱する。一度取り出し、ラップを外してさらに5分加熱し、ゆで卵を漬けて5分ほどおく。
3 器にそれぞれごはんを盛り、2（ゆで卵は半分に切る）をのせる。好みでパクチーを添える。

レンチンだけ　10分

定番の韓国料理が、レンチンで作れる！

ポッサム

材料（2人分）

豚バラかたまり肉…300g
しょうが（すりおろし）…小さじ1
A コチュジャン…大さじ2
　　はちみつ…大さじ1
　　しょうゆ…大さじ½
　　にんにく（すりおろし）
　　　…小さじ1
サニーレタス…½個
えごまの葉（青じそでも可）…10枚
キムチ…150g

作り方

1 耐熱ボウルに豚肉、しょうが、かぶるくらいの水を入れ、軽くラップをして電子レンジで8分加熱し、そのまま粗熱が取れるまでおく。
2 豚肉を薄切りにして器に盛り、レタス、キムチ、えごまの葉、よく混ぜたAを添える。

調理のPoint

P60の下ごしらえを参考にしてゆでた豚肉を使えば、あとは切るだけで、さらに時短になります。

かたまり肉は調理に時間がかかりそうと思われがちですが、切り分けて使えば薄切り肉と同じように使えるうえ、ボリューム感と旨味が違います！かたまり肉ならではのおいしさを味わいましょう。

まちがいないにんにくじょうゆの旨さ
ガーリックポーク　アスパラ添え

15分　フライパンひとつ

材料（2人分）
豚肩ロースかたまり肉…300g
A 塩…小さじ¼
　粗びき黒こしょう
　　…小さじ¼
　小麦粉…大さじ½
アスパラガス…3〜6本
B しょうゆ…大さじ1
　にんにく（すりおろし）
　　…小さじ1
バター…20g
粗びき黒こしょう…適宜

作り方
1 アスパラは下半分の皮をピーラーで薄くむき、長さを半分に切る。豚肉は6等分に切り、Aをまぶす。
2 フライパンにバターを熱し、中火で豚肉の片面を焼き色がつくまで焼く。ひっくり返してアスパラを加え、蓋をして3分ほど焼き、Bを加えて強めの中火でからめる。
3 器に盛り、好みで粗びき黒こしょうをふる。

肉と豆のフランス風煮込みを簡単に
カスレ風豚バラのトマト煮込み

20分　フライパンひとつ

材料（2人分）
豚バラかたまり肉…300g
A 塩…小さじ½
　粗びき黒こしょう…少々
玉ねぎ…1個
B ホールトマト缶（水煮）…1缶
　大豆（水煮）…100g
　塩…小さじ½
　にんにく（すりおろし）
　　…大さじ½
オリーブ油…大さじ½
パセリ（みじん切り）…適宜

作り方
1 玉ねぎは薄切りにする。豚肉は1cm厚さに切り、Aをまぶす。
2 フライパンを強めの中火で熱し、豚肉を入れてペーパータオルで脂を拭き取りながら両面を焼きつける。玉ねぎを加えてしんなりするまで炒める。
3 Bを加え、水分を飛ばすように10分ほど煮込み、オリーブ油を回しかける。器に盛り、好みでパセリをふる。

チーズのコクに青じその風味がアクセント
チーズカツ

15分　フライパンひとつ

材料（2人分）
豚肩ロースかたまり肉…300g
A 塩…小さじ¼
　こしょう…少々
片栗粉…大さじ½
スライスチーズ…4枚
青じそ…4枚
小麦粉・溶き卵・パン粉…各適量
揚げ油…適量
B 中濃ソース…大さじ3
　白すりごま…大さじ1
キャベツ（せん切り）…適量

作り方
1 豚肉を4等分に切り、Aをふる。横に深く切り目を入れて片栗粉をまぶし、チーズと青じそを形を調整しながら挟み、豚肉のとじめを密着させる。
2 小麦粉をしっかりまぶし、溶き卵、パン粉の順に衣をつける。
3 フライパンに揚げ油を1cm入れて170℃に熱し、2を片面3分ずつ揚げ、バットに立てかけるように油をきる。器に盛り、キャベツ、よく混ぜたBを添える。

豚かたまり肉　冷凍　冷蔵　時短　かさまし

65

豚バラ薄切り肉

脂身が多く旨味がしっかり味わえる豚バラ薄切り肉。野菜との相性がよく、炒め物はもちろん、蒸し物、スープなどに幅広く使えます。

下ごしらえ&保存方法

**ゆでて
冷蔵保存**　冷蔵 **3**日

ゆでて冷水に取り、水けを押さえ、蓋つき保存容器に入れる。ぬれたペーパータオルをのせ、蓋をして冷蔵する。

**ラップに包み、
冷凍用保存袋に
入れ、冷凍する**　冷凍 **3**週間

200gずつラップに包み、冷凍用保存袋に入れ、袋の空気を抜いて口を閉じ、冷凍する。

ジャンボパック約2kg分

下味冷凍

しょうがみそ
→P67

冷凍 **3**週間　**400**g

旨ラー油漬け
→P68

冷凍 **3**週間　**400**g

冷蔵作りおき

具沢山豚汁
→P69

 冷蔵 **3**日　**300**g

ゴーヤ
チャンプルー
→P69

 冷蔵 **3**日　**400**g

時短

豚丼
→P70

 15分　**200**g

なす肉巻き
→P71

 10分　 **6**枚

甘辛いしょうがみそ味は、野菜と一緒に炒めたり、蒸したりするだけで、ぐんとおいしいおかずに。脂の旨味が野菜に染み込みます。

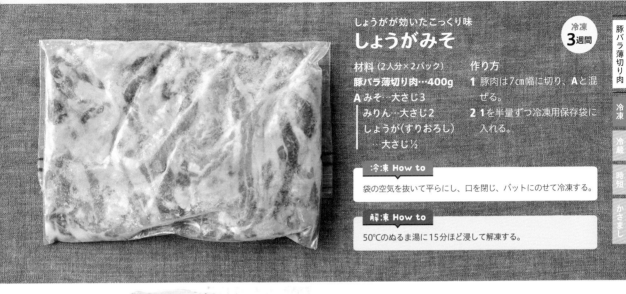

しょうがが効いたこっくり味
しょうがみそ

冷凍 **3**週間

豚バラ薄切り肉

冷凍
冷蔵
時短
かさまし

材料（2人分×2パック）
豚バラ薄切り肉…400g
A みそ…大さじ3
みりん…大さじ2
しょうが（すりおろし）
…大さじ½

作り方
1 豚肉は7cm幅に切り、Aと混ぜる。
2 1を半量ずつ冷凍用保存袋に入れる。

:冷凍 How to
袋の空気を抜いて平らにし、口を閉じ、バットにのせて冷凍する。

:解凍 How to
50℃のぬるま湯に15分ほど浸して解凍する。

10分
解凍時間は除く

arrange 1
なすと炒めるだけでボリューム中華
豚バラとなすの中華風みそ炒め

材料と作り方（2人分）
1 しょうがみそ1パックは解凍する。なす3本は縦長の乱切りにし、水にさらしてアクを抜き、ペーパータオルで水けを押さえる。
2 フライパンにサラダ油小さじ1、赤唐辛子（輪切り）½本分を熱し、中火で豚肉を色が変わるまで炒める。なすを加え、全体に油が回るまで炒め、蓋をして途中混ぜながら2〜3分炒める。なすがしんなりしたらオイスターソース大さじ½を加え、からめるように炒める。

15分
解凍時間は除く

arrange 2
レンチンで簡単蒸し料理
豚バラとれんこんの甘みそ蒸し

材料と作り方（2人分）
1 しょうがみそ1パックは解凍する。れんこん200gは皮をむき、5mm幅の輪切りにし、水にさらしてアクを抜き、ペーパータオルで水けを押さえる。
2 耐熱の器にれんこんと豚肉を重ねながら円形にのせ、ごま油小さじ1を回しかけ、軽くラップをして電子レンジで10分加熱し、そのまま1分ほどおく。万能ねぎ（小口切り）3本分を散らす。

具沢山ラー油を使って簡単下味

旨ラー油漬け

冷凍 3週間

材料（2人分×2パック）

豚バラ薄切り肉…400g

A 具沢山ラー油 大さじ3
　鶏がらスープの素 大さじ1

作り方

1 豚肉は7cm幅に切り、Aと混ぜる。

2 1を半量ずつ冷凍用保存袋に入れる。

冷凍 How to
袋の空気を抜いて平らにし、口を閉じ、バットにのせて冷凍する。

解凍 How to
50℃のぬるま湯に15分ほど浸して解凍する。

arrange 1

具沢山ラー油の辛味と旨味が効いてる

チャプチェ風

材料と作り方（2人分）

1 旨ラー油漬け1パックは解凍する。春雨50gは熱湯で戻す。ピーマン2個はせん切りにし、しめじ1パック（100g）は石づきを落としてほぐす。

2 フライパンを熱し、中火で豚肉を色が変わるまで炒める。しめじ、春雨を加えて2〜3分炒め、ピーマン、しょうゆ大さじ1を加え、ざっくりと炒める。

3 器に盛り、好みで一味唐辛子少々をふる。

15分
解凍時間は除く

arrange 2

豚バラの脂の旨味がブロッコリーにからむ

豚バラとブロッコリーのラー油炒め

材料と作り方（2人分）

1 旨ラー油漬け1パックは解凍する。ブロッコリー1株（150g）は小房に分ける。

2 フライパンを熱し、強火で豚肉を炒め、色が変わったらブロッコリーを加え、2〜3分炒め、塩・粗びき黒こしょう各少々で味をととのえる。

10分
解凍時間は除く

豚バラ薄切り肉で作る豚汁や炒め物は旨味がたっぷり。
野菜をたくさん使った作りおきを作っておくと、何もない日の一品に重宝します。

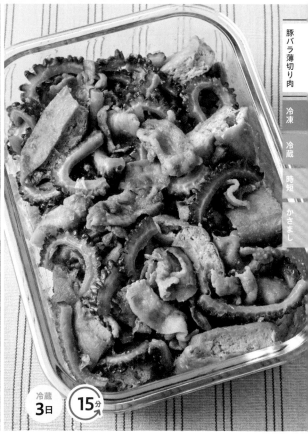

豚バラ薄切り肉

冷凍

冷蔵

時短

かさまし

冷蔵 3日　20分

冷蔵 3日　15分

具沢山でメイン料理になるボリューム

具沢山豚汁

鍋ひとつで

材料（4人分）

豚バラ薄切り肉…300g
大根…約⅓本（300g）
にんじん…1本
ごぼう…⅓本
油揚げ…1枚

A 削り節…6g
　酒…½カップ
　水…4〜4½カップ
みそ…大さじ4〜5

作り方

1 大根はいちょう切り、にんじんは半月切りにする。ごぼうは斜め薄切りにし、水にさらしてアクを抜き、水けをしっかりきる。油揚げはペーパータオルで油をしっかり押さえ、縦半分、横7mm幅に切る。豚肉は3cm幅に切り、湯通しして水けをきる。

2 鍋に野菜、豚肉、Aを入れ、強めの中火にかける。煮立ったら油揚げを加え、ひと煮立ちしたら、弱めの中火で10分ほど煮て、火を止めてみそを溶き入れる。

調理のPoint

豚バラ肉を湯通しすると、汁に脂が浮かず、日にちが経ってもおいしく食べられます。

ゴーヤの苦味がちょうどいいアクセントに

ゴーヤチャンプルー

フライパンひとつで

材料（4人分）

豚バラ薄切り肉…400g
A 塩…小さじ¼
　こしょう…少々
ゴーヤ…1本（300g）
厚揚げ…2枚

B しょうゆ…大さじ2½
　砂糖…大さじ2
　削り節…6g
ごま油…小さじ1

作り方

1 ゴーヤは縦半分に切り、種とワタを取り除き、5mm幅に切る。厚揚げはペーパータオルで油をしっかり押さえ、縦半分、横1.5cm幅に切る。豚肉は6cm幅に切り、Aをまぶす。

2 フライパンにごま油を熱し、中火で豚肉を炒め、色が変わったら厚揚げを加えて焼き色がつくまで炒める。ゴーヤを加えて2〜3分炒め、Bを加え、さらに炒める。

調理のPoint

ゴーヤの苦味が苦手な方は、ゴーヤを塩揉みして洗ってから使うと、苦味がやわらぎます。大きめの炒り卵を加えても、おいしいです。

フライパンひとつで　15分

豚バラともやしの旨味を卵で包む

とん平焼き

材料（2人分）

豚バラ薄切り肉…200g
もやし…½袋（100g）
A 塩…小さじ¼
　こしょう…少々
B 卵…4個
　マヨネーズ…大さじ2
塩・こしょう…各少々
サラダ油…大さじ1
中濃ソース・マヨネーズ・
　青のり…各適量

作り方

1 豚肉は長さを半分に切り、Aをまぶす。Bはよく溶いて混ぜておく。
2 フライパンにサラダ油小さじ1を熱し、強めの中火で豚肉をしっかり焼き色がつくまで焼きつける。もやしを加えて炒め、塩、こしょうで味をととのえて取り出す。
3 2のフライパンにサラダ油小さじ2を中火で熱し、卵液を流し入れる。ゆるめのスクランブルエッグ状にし、2をのせてオムレツの形にする。器に盛り、ソース、マヨネーズ、青のりをかける。

フライパンひとつで　15分

ごはんが進む甘辛味!

豚丼

材料（2人分）

豚バラ薄切り肉…200g
玉ねぎ…½個
A しょうゆ…大さじ1½
　砂糖…大さじ2
　酒…大さじ1
　しょうが（すりおろし）
　　…小さじ½
ごま油…小さじ1
温かいごはん…2人分
紅しょうが…適量

作り方

1 玉ねぎは薄切りにする。豚肉は長さを半分に切る。
2 フライパンにごま油を熱し、中火で豚肉を焼きつけ、ペーパータオルで軽く油を拭き取る。玉ねぎを加えて炒め、しんなりしたらAを加え、炒めからめる。
3 器にそれぞれごはんを盛り、2をのせ、紅しょうがをのせる。

鍋ひとつで　20分

豚バラと塩麹の旨味を汁ごと味わう

豚バラと白菜の塩麹鍋

材料（2人分）

豚バラ薄切り肉…200g
白菜…¼個
しょうが（すりおろし）…小さじ1
A 水…3カップ
　酒…¼カップ
　削り節…3g
　塩麹…大さじ2
塩麹…大さじ2
万能ねぎ（小口切り）…3本分

作り方

1 白菜は、葉の間に豚肉を挟み、鍋の高さに切り揃えて鍋に詰める。
2 1にAをまんべんなくかけて火にかけ、煮立ったら蓋をして弱火で白菜がやわらかくなるまで10〜15分煮込む。残りの塩麹をかけ、万能ねぎをのせる。

調理のPoint

白菜は、根元を全て切り落とさず少し残しておけば、バラバラにならず、豚肉を挟んだあとも切りやすい。

豚バラ薄切り肉は脂が多いので、ゆでる、レンチン、鍋などの調理にぴったり。炒め物にするときは油なしで調理できます。時短調理でもしっかりと旨味を味わえます。

鍋でさっとゆでるだけ。キャベツを添えてバランスよく

豚バラとキャベツのねぎポン

材料（2人分）
豚バラ薄切り肉…200g
キャベツ（せん切り）…⅛個分
A 万能ねぎ（小口切り）
　…5本分
　ポン酢…大さじ3
　ごま油…大さじ½
　水…大さじ1

作り方
1 豚肉は長さを半分に切る。Aはよく混ぜておく。
2 鍋に湯を沸かし、豚肉をさっとゆでて水に取り、ペーパータオルで水けをしっかり押さえる。
3 器にキャベツを敷いて2をのせ、Aをかける。

調理のPoint
豚バラ肉はゆでて水に取ると、余分な脂が取れて、おいしく食べられます。

さっとゆでた豚バラに中華風タレがマッチ

豚バラとねぎのナムル

材料（2人分）
豚バラ薄切り肉…200g
長ねぎ…1本
A ごま油…大さじ½
　白いりごま…大さじ1
　にんにく（すりおろし）
　…小さじ½
　鶏がらスープの素…大さじ½

作り方
1 長ねぎは斜め薄切りにする。豚肉は6cm幅に切る。
2 鍋に湯を沸かし、豚肉をさっとゆでて水に取り、ペーパータオルで水けをしっかり押さえる。
3 ボウルに長ねぎ、2、Aを入れ、よく混ぜる。

代わりの食材
ねぎを切るのが面倒なときは、豆苗やさっとゆでたもやしを使っても◎。

レンチンであっという間にボリュームおかず

なす肉巻き

材料（2人分）
豚バラ薄切り肉…6枚
なす…2本
片栗粉…大さじ1
A しょうゆ…大さじ1½
　みりん…大さじ1
　削り節…2g

作り方
1 なすは縦3等分に切り、水にさらしてアクを抜き、ペーパータオルで水けを押さえる。
2 1に豚肉を巻いて片栗粉をまぶす。
3 耐熱の器にAを広げて2をのせ、軽くラップをして電子レンジで6分加熱し、タレをからめる。

代わりの食材
なすの代わりにズッキーニを使うのもおすすめです。

豚ひき肉

安くていろいろ使える豚ひき肉は、ジャンボパックで買うのがお得。ただ、日持ちしないので上手に保存して使い切るのが正解です。

下ごしらえ&保存方法

下味をつけるときは、箸で混ぜる

下味をつけるときは、箸を使ってよく混ぜると、ムラなく全体に味がよくなじむ。

200gを保存容器に移し、早めに使う。

200gを蓋つきの保存容器に入れ(またはラップで包み)、冷蔵庫に入れて早めに使う。

冷蔵 **2日**

ジャンボパック 約2kg分

下味冷凍

ピリ辛みそ
→P73

冷凍 3週間 400g

こぶしょうゆ
→P74

冷凍 3週間 400g

冷蔵作りおき

ごぼうの和風
ドライカレー
→P75

冷蔵 3日 400g

包まない餃子
→P75

冷蔵 3日 200g

時短

ポークビーンズ
→P76

20分 200g

焼売
→P76

20分 200g

豆板醤とにんにくを効かせたみそ味は、パンチのある味。野菜と一緒に炒めたり、炊き込みごはんに使えば、味つけも簡単に。

みそと豆板醤のダブル発酵調味料で旨味倍増

ピリ辛みそ

冷凍 3週間

材料（2人分×2パック）
豚ひき肉…400 g
みそ…大さじ3
豆板醤…大さじ1
にんにく（すりおろし）
　…大さじ½

作り方
1 ボウルに全ての材料を入れてよく混ぜる。
2 1を半量ずつ冷凍用保存袋に入れる。

冷凍 How to
袋の空気を抜いて平らにし、口を閉じ、バットにのせて冷凍する。

解凍 How to
50℃のぬるま湯に5分ほど浸して解凍する。

豚ひき肉

冷凍

冷蔵

時短

かさまし

10分
解凍時間は除く

arrange 1

かぶ2個で満足のボリューム

かぶのそぼろ炒め

材料と作り方（2人分）
1 ピリ辛みそ1パックは解凍する。かぶ2個(260g)は、茎を3cm残して縦8等分に切り、水にさらして茎の根元の汚れを洗い、水けをきる。茎は4cm幅、葉は1cm幅に切る。
2 フライパンにサラダ油小さじ1を熱し、強めの中火でひき肉を炒め、色が変わったら茎と葉以外のかぶを加え、蓋をして途中混ぜながら2〜3分炒める。茎と葉を加えて水分を飛ばすように炒め、塩・こしょう各少々で味をととのえる。

15分
解凍・炊飯時間は除く

arrange 2

簡単に味つけが決まる

豚と大根の中華風炊き込みごはん

材料と作り方（2人分）
1 ピリ辛みそ1パックは解凍する。大根¼本(200g)は1.5cm角に切る。米2合は洗って水けをきる。
2 耐熱ボウルに大根とひき肉を入れてよく混ぜ、軽くラップをして電子レンジで8分加熱し、具と汁を分ける。
3 炊飯器の内釜に米、2の汁、しょうゆ大さじ1を入れ、水を2合の目盛りまで注ぎ、具をのせ、炊飯する。炊き上がったら、長ねぎ（小口切り）¼本分を加えて混ぜる。

塩昆布と削り節の黄金コンビでだしいらずの下味。煮物や炒め物におすすめ。

塩昆布と削り節で旨味たっぷり

こぶしょうゆ

冷凍
3週間

材料（2人分×2パック）
豚ひき肉…400g
しょうゆ…大さじ2
塩昆布…20g
削り節…6g

作り方
1 塩昆布はキッチンバサミなどで細かく刻む。ボウルに全ての材料を入れてよく混ぜる。
2 1を半量ずつ冷凍用保存袋に入れる。

冷凍 How to
袋の空気を抜いて平らにし、口を閉じ、バットにのせて冷凍する。

解凍 How to
50℃のぬるま湯に5分ほど浸して解凍する。

arrange 1

里いもの下ごしらえはレンジで簡単に

里いもの和風あんかけ

材料と作り方（2人分）
1 こぶしょうゆ1パックは解凍する。里いも3〜4個（300g）は皮をきれいに洗い、1個ずつラップで包み、電子レンジで3分加熱し、ひっくり返してさらに1分加熱する。竹串がすっと通ったら、粗熱が取れるまでおく。
2 フライパンにひき肉を入れて中火で炒め、みりん大さじ1を加えて煮立たせ、片栗粉大さじ½と水¾カップを混ぜて加え、とろみがつくまで煮詰める。
3 1の里いもの皮をむき、半分に切って器に盛り、2を回しかけ、万能ねぎ（小口切り）2本分を散らす。

15分
解凍時間は除く

arrange 2

切ったごぼうと炒めるだけで深い味わい

豚とごぼうのそぼろきんぴら

材料と作り方（2人分）
1 こぶしょうゆ1パックは解凍する。ごぼう⅔本（150g）は斜め薄切りにし、水にさらしてアクを抜き、水けをきる。
2 フライパンにごま油小さじ1を熱し、強めの中火でひき肉と赤唐辛子（輪切り）½本分を炒める。肉の色が変わったらごぼうを加えて3〜4分炒め、白いりごま大さじ1を加えてさらに炒める。

10分
解凍時間は除く

冷蔵作りおきRecipe

豚ひき肉を大量に使うなら、ドライカレーや餃子がおすすめ。
どちらも作っておけば、テレワークのランチやお弁当にも便利。

豚ひき肉 / 冷凍 / 冷蔵 / 時短 / かさまし

冷蔵 **3日** ⟳ **10分**

冷蔵 **3日** ⟳ **15分**

ごぼうと長ねぎで野菜もバランスよく

フライパンひとつ

ごぼうの和風ドライカレー

材料（4人分）

豚ひき肉…400g	A 中濃ソース…大さじ3
ごぼう…1本	削り節…5g
長ねぎ…1本	塩…小さじ½
しょうが（すりおろし）…小さじ1	こしょう…少々
にんにく（すりおろし）…小さじ1	水…½カップ
カレー粉…大さじ2	

作り方

1 ごぼうは粗みじん切りにし、水にさらしてアクを抜き、水け
をきる。長ねぎは粗みじん切りにする。

2 フライパンにひき肉、しょうが、にんにくを入れ、強めの中
火で炒める。色が変わったらカレー粉を加えて炒め、香りが
出てきたら1、Aを加え、5分ほど混ぜながら炒める。

Memo 作りおきはシンプルな食材で作り、食べるときに彩り
の食材などを添えて見た目を変えるのもおすすめ。

包む手間がないからラクちん。冷めてもおいしい

フライパンひとつ

包まない餃子

材料（4人分）

豚ひき肉…200g	A 片栗粉…大さじ1
キャベツ…⅛個	しょうが（すりおろし）…小さじ½
にら…½束	オイスターソース…大さじ½
塩…小さじ¼	こしょう…少々
大判薄皮…20枚	サラダ油…大さじ½

作り方

1 キャベツは粗みじん切り、にらは5mm幅に切り、ポリ袋に入
れる。塩を加えてよく揉み込み、空気を抜いて密封し、10
分ほどおく。

2 ボウルにひき肉、しっかり水けを絞った1、Aを加えてよく
こねる。

3 フライパンにサラダ油を広げ、中心に皮を1枚置き、9枚で
円を作るように敷き詰め、2を均等にのせ、残りの皮10枚
を同じようにのせる。強めの中火で焼きはじめ、フライパン
が温まったら水¼カップをフライパンの縁から回し入れ、蓋
をして中火で5分ほど焼く。底に焼き色がついたら、ひっく
り返してさらに5分ほど焼く。水分が多いようなら、強火で
水分を飛ばす。

75

レンチンだけ / 15分

レンチンで時短。タレをよくからめて!

肉詰めピーマン

材料 (2人分)
A 豚ひき肉…150g
　塩・こしょう…各少々
　片栗粉…大さじ1
ピーマン…3個
片栗粉…大さじ½
万能ねぎ…3本
B しょうゆ…大さじ1½
　砂糖…大さじ1

作り方
1 ピーマンは縦半分に切って種を取り除き、内側に片栗粉をまぶす。万能ねぎは小口切りにする。
2 ボウルにA、万能ねぎを入れてよくこね、ピーマンに詰める。
3 耐熱皿によく混ぜたBを広げ、2を肉の面を下にして並べ、軽くラップをして電子レンジで6分加熱し、そのまま1分ほどおき、よくからめる。

レンチンだけ / 20分

電子レンジに任せれば、煮込み料理も手間いらず

ポークビーンズ

材料 (2人分)
豚ひき肉…200g
レッドキドニービーンズ
　(ドライパック)…100g
セロリ…½本
トマトケチャップ…大さじ3
中濃ソース…大さじ2
塩…小さじ⅓
粗びき黒こしょう…少々
にんにく(すりおろし)
　…小さじ1
赤唐辛子(小口切り)…½本分
パセリ(みじん切り)…適宜

作り方
1 セロリは粗みじん切りにする。
2 耐熱ボウルにパセリ以外の材料を入れてよく混ぜ、ラップをしないで電子レンジで8分加熱し、一度取り出してよく混ぜ、さらに5分加熱し、よく混ぜる。
3 器に盛り、好みでパセリをのせる。

フライパンひとつで / 20分

包まない、蒸さないラクうまフライパン焼売

焼売

材料 (2人分)
豚ひき肉…200g
長ねぎ…½本
しいたけ…2枚
A しょうが(すりおろし)
　　…小さじ½
　片栗粉…大さじ2
　オイスターソース…大さじ1
　鶏がらスープの素…小さじ1
　ごま油…小さじ1
　こしょう…少々
焼売の皮…15枚
しょうゆ・からし…各適宜

作り方
1 長ねぎは5mm幅の小口切り、しいたけは粗みじん切りにする。
2 ボウルに1、ひき肉、Aを入れてよくこね、15等分に丸める。
3 フライパンにクッキングシートを敷き、2を間をあけながら並べ、焼売の皮をのせて軽く密着させる。フライパンとクッキングシートの間に水¾カップを注ぎ、蓋をして強めの中火にかけ、煮立ったら弱めの中火にして10分ほど加熱する。
4 器に盛り、好みでしょうゆとからしを添える。

電子レンジでできるポークビーンズや包まないので簡単にできる焼売などをご紹介。時短テクニックをいろいろ使ったレシピで豚ひき肉のバリエーションを楽しんで！

スパイシーな味つけで食が進む。おつまみにも◎

サルシッチャ

材料（2人分）
豚ひき肉…200g
セロリ…½本
パセリ…3房
塩…小さじ⅔
粗びき黒こしょう
　…小さじ½
オリーブ油…大さじ1
ベビーリーフ…適量

作り方
1 セロリ、パセリは粗みじん切りにする。
2 ボウルにひき肉、1、塩、粗びき黒こしょうを入れてよくこね、6等分に丸める。
3 フライパンにオリーブ油を熱し、2を入れて強めの中火で焼き色がつくまで焼く。ひっくり返して蓋をし、弱めの中火で5分ほど焼き、強めの中火にして肉汁をからめる。
4 器に盛り、ベビーリーフを添える。

15分　フライパンひとつで

肉も野菜もオールインワン。パンを添えれば1食完成

肉団子とキャベツのクリームシチュー

材料（2人分）
A 豚ひき肉…200g
　玉ねぎ（極薄切り）…¼個分
　パン粉…大さじ3
　塩…小さじ⅓
　こしょう…少々
キャベツ…¼個
玉ねぎ…½個
塩…小さじ½
B 小麦粉…大さじ2
　牛乳…1カップ
バター…10g
こしょう…少々

作り方
1 キャベツは大きめにちぎり、玉ねぎは薄切りにする。ボウルにAを入れてよくこね、6等分に丸める。
2 鍋に水1カップ、キャベツ、玉ねぎ、塩を入れて火にかけ、煮立ったら1の肉団子を加え、蓋をして中火で5分ほど煮込む。
3 よく混ぜたBを加え、中火でとろみがつくまで混ぜながら煮込み、バターを加えて混ぜ、こしょうをふり、ひと混ぜする。

20分　鍋ひとつで

面倒な玉ねぎのみじん切り&ソテーなしでもおいしく！

和風えのきバーグ

材料（2人分）
豚ひき肉…200g
えのきだけ…1袋（100g）
長ねぎ…½本
A パン粉…大さじ4
　みそ…大さじ½
　酒…大さじ1
ごま油…大さじ1
大根おろし・ポン酢しょうゆ
　…各適量
青じそ（せん切り）…4枚分

作り方
1 えのきと長ねぎは粗みじん切りにする。
2 ボウルにひき肉、1、Aを入れてよくこね、2等分し、空気を抜くように楕円形に成形する。
3 フライパンにごま油を熱し、強めの中火で2を焼き色がつくまで焼きつけ、ひっくり返して蓋をし、弱めの中火で7〜8分焼く。
4 器に盛り、大根おろしをのせる。同じフライパンにポン酢を入れて肉汁と一緒に煮立たせて大根おろしにかけ、青じそをのせる。

15分　フライパンひとつで

合いびき肉

牛肉と豚肉を一緒にミンチにした合いびき肉は、洋風や中華のおかずにぴったり。ハンバーグやミートソースなどバリエも豊富！

下ごしらえ＆保存方法

いったん取り出して箸で混ぜる
電子レンジで加熱し、途中でいったん取り出し、箸でよく混ぜる。加熱ムラを防ぐことができる。

200gを保存容器に移し、早めに使う。
200gを蓋つきの保存容器に入れ（またはラップで包み）、冷蔵庫に入れて早めに使う。

冷蔵 **2日**

ジャンボパック 約2kg分

下味冷凍

スパイシー
→P79

 冷凍 **3週間** **400g**

トマトペッパー
→P80

 冷凍 **3週間** **400g**

冷蔵作りおき

ミートソース
→P81

冷蔵 **3日** **400g**

ひき肉のバジル
炒め→P81

冷蔵 **3日** **400g**

時短

肉団子
→P82

 10分 **200g**

五目あんかけ
ごはん
→P83

 15分 **200g**

カレー粉と中濃ソースのスパイシーな下味は、野菜と一緒に炒めるのはもちろん、肉団子やハンバーグ、ピラフの具などにもおすすめ。

カレー粉とにんにくでしっかり下味

スパイシー

冷凍 3週間

合いびき肉 / 冷凍 / 冷蔵 / 時短 / かさまし

材料 (2人分×2パック)

合いびき肉…400g
カレー粉…大さじ2
中濃ソース…¼カップ
にんにく(すりおろし)
　…大さじ½
塩…小さじ½

作り方

1 ボウルに全ての材料を入れてよく混ぜる。
2 1を半量ずつ冷凍用保存袋に入れる。

:冷凍 How to

袋の空気を抜いて平らにし、口を閉じ、バットにのせて冷凍する。

解凍 How to

50℃のぬるま湯に5分ほど浸して解凍する。

15分
解凍時間は除く

arrange 1

スパイシーな下味が肉や豆の旨味を引き出す

豆たっぷりエスニックバーグ

材料と作り方 (2人分)

1 スパイシー1パックは解凍してポリ袋に入れ、玉ねぎ(みじん切り)¼個分、大豆(水煮)50g、パン粉½カップとよくこね、2等分にし、1.5cm厚さの楕円形に成形する。しめじ1パックは石づきを落とす。
2 フライパンにサラダ油大さじ½を熱し、中火でハンバーグを焼き色がつくまで焼き、ひっくり返す。しめじを加え、蓋をして弱めの中火で7〜8分焼く。器にハンバーグだけを取り出す。
3 2のフライパンにトマトケチャップ大さじ3、しょうゆ大さじ1、水大さじ1を加えて中火で煮詰め、ハンバーグにかける。

15分
解凍・炊飯時間は除く

arrange 2

本格的なピラフも簡単にできる!

炊き込みカレーピラフ

材料と作り方 (2人分)

1 スパイシー1パックは解凍する。にんじん½本、玉ねぎ½個、ピーマン1個は粗みじん切りにする。米2合は洗って水けをきる。
2 耐熱ボウルにひき肉、にんじん、玉ねぎを入れてよく混ぜ、軽くラップをして電子レンジで8分加熱し、具と汁を分ける。
3 炊飯器の内釜に米、2の汁、塩小さじ½を入れ、水を2合の目盛りまで注ぎ、2の具をのせて炊飯する。炊き上がったらピーマン、塩・こしょう各少々、バター10gを加え、よく混ぜる。

合いびき肉 | 冷凍作りおき❷ 下味冷凍

トマト缶と粗びき黒こしょうの下味は、
トマト味がベースの炒め物や煮込みに。

トマトの旨味を生かすシンプルな味つけ

トマトペッパー

冷凍
3週間

材料（2人分×2パック）

合いびき肉…400g
ホールトマト缶（水煮）…1缶
粗びき黒こしょう…小さじ½
塩…小さじ1

作り方

1 ボウルに全ての材料を
入れて混ぜる。
2 1を半量ずつ冷凍用保
存袋に入れる。

:冷凍 How to

袋の空気を抜いて平らにし、口を閉じ、バットにのせて冷凍する。

解凍 How to

50℃のぬるま湯に5分ほど浸して解凍する。

---

arrange 1

トマトとラー油の意外な組み合わせが美味！

かぼちゃのピリ辛トマトそぼろ炒め

材料と作り方（2人分）

1 トマトペッパー1パックは解凍する。かぼちゃ¼個（正味340g）は
横半分に切り、縦1cm幅に切る。
2 フライパンを熱し、強火でひき肉を色が変わるまで炒める。かぼちゃ
を加えて蓋をし、中火で途中混ぜながら7～8分炒める。
3 強火で2の水分を飛ばすように炒め、具沢山ラー油大さじ3を加え、
ひと混ぜする。

10分
解凍時間は除く

---

arrange 2

シンプルなトマト味は中濃ソースでアレンジ

簡単タコライス

材料と作り方（2人分）

1 トマトペッパー1パックは解凍する。フライパンにオリーブ油大さ
じ½を熱し、ひき肉、中濃ソース大さじ1を加え、強火で水分を飛
ばすように3～4分炒める。
2 レタス¼個はせん切りにする。アボカド½個とトマト1個は1cm角
に切る。
3 器にそれぞれ温かいごはん適量を盛り、1、2をのせ、ピザ用チー
ズ適量をかける。

10分
解凍時間は除く

合いびき肉
冷凍
冷蔵
時短
かさまし

冷蔵 3日 25分

冷蔵 3日 15分

アレンジ自由自在のシンプル作りおき

ミートソース

レンチンだけ

材料（4人分）

合いびき肉…400g
玉ねぎ…½個
マッシュルーム缶
　…1缶（90gうち固形50g）

A トマトケチャップ…½カップ
　中濃ソース…大さじ4
　ローリエ…1枚
　塩…小さじ1
　こしょう…小さじ½
パセリ（みじん切り）…3房分
オリーブ油…小さじ1

作り方

1 玉ねぎは粗みじん切りにする。マッシュルームは水けをきる。
2 耐熱ボウルにひき肉、1、Aを入れてよく混ぜ、ラップをしないで電子レンジで10分加熱し、一度取り出しよく混ぜる。さらに10分加熱し、オリーブ油とパセリを加えてざっくりと混ぜる。

調理のPoint
電子レンジの調理で水分を飛ばしたいときは、ラップをしないで加熱します。

ドライバジルでもOK!

ひき肉のバジル炒め

レンチンだけ

材料（4人分）

合いびき肉…400g
バジル…ひとつかみ（ドライバジルの場合は小さじ½）
にんにく（すりおろし）…大さじ½
ナンプラー…大さじ1
砂糖…大さじ1
赤唐辛子（輪切り）…1本分

作り方

1 耐熱ボウルに全ての材料を入れてよく混ぜ、ラップをしないで電子レンジで5分加熱し、一度取り出しよく混ぜ、さらに5分加熱する。
2 1を取り出し、そぼろ状になるようにかき混ぜる。

Memo　食べるときに、野菜を加えて炒め直したり、焼きそばやごはんに混ぜて炒めたりしてもおいしいです。

81

レンチンだけ / 10分

定番甘酢ソースにオイスターの旨味をプラス
肉団子

材料 (2人分)
A 合いびき肉…200g
　片栗粉…大さじ1½
　塩…小さじ¼
　こしょう　少々
長ねぎ…¼本
B トマトケチャップ…大さじ2
　酢…大さじ½
　オイスターソース…大さじ1

作り方
1 長ねぎはみじん切りにする。
2 ボウルに1、Aを入れてよくこね、10等分に丸める。
3 耐熱皿によく混ぜたBを広げ、2を並べ、軽くラップをして電子レンジで5分加熱し、そのまま1分ほどおき、よくからめる。

レンチンだけ / 20分

豪華なミートローフもレンチンで作れる!
ミニトマトのミートローフ

材料 (2人分)
A 合いびき肉…300g
　パン粉…½カップ
　コンソメスープの素…小さじ1
　玉ねぎ(みじん切り)…¼個分
　片栗粉…大さじ1
ミニトマト…4個
B トマトケチャップ…大さじ3
　中濃ソース…大さじ2
　にんにく(すりおろし)
　　…小さじ½
ベビーリーフ…適宜

作り方
1 ボウルにAを入れてよくこね、直径13cmくらいの耐熱ボウル(または耐熱の器)に空気を抜くように⅓量を入れ、中心にミニトマトを入れる。残りの肉だねを空気を抜くように押さえながらのせる。
2 軽くラップをして電子レンジで8分加熱し、そのまま粗熱が取れるまでおき、器に盛る。
3 耐熱ボウルに残った肉汁にBを加え、ラップをしないで電子レンジで1分加熱し、2にかける。好みでベビーリーフを添える。

フライパンひとつ / 10分

巻かなくても春巻きっぽく! 食感が楽しい
ひき肉のパリパリ焼き

材料 (2人分)
A 合いびき肉…150g
　万能ねぎ(小口切り)…3本分
　にんにく(すりおろし)
　　…小さじ½
　オイスターソース…大さじ½
　片栗粉…大さじ½
　塩・こしょう…各少々
春巻きの皮…4枚
片栗粉…大さじ½
ごま油…適量
酢じょうゆ…適量

作り方
1 ボウルにAを入れてざっくりと混ぜる。
2 フライパンにごま油を薄くのばし、春巻きの皮を90°ずらして2枚おき、片栗粉の½量を薄くまぶす。1を広げてのせ、残りの片栗粉をまぶし、春巻きの皮を下の皮に重なるようにずらして2枚のせ、手で軽く密着させる。
3 中火で5〜6分焼き、焼き色がついたら、ひっくり返してさらに5分ほど焼く。キッチンバサミで食べやすい大きさに切り、器に盛り、酢じょうゆを添える。
※ホットプレートなどで作ってもおいしい。

ひき肉は火が通りやすいので、肉団子やミートローフもレンチンで！中華風の炒め物やあんかけ、春巻きなどのおかずにも◎。ハンバーグはきのこと一緒に煮込むとおいしい。

2種のきのことセロリの旨味で煮込む
きのこたっぷり煮込みバーグ

材料（2人分）

A 合いびき肉…200g
　パン粉…½カップ
　塩…小さじ¼
　こしょう　少々
セロリ…1本
しめじ…1パック（100g）
エリンギ…1パック（100g）
ホールトマト缶（水煮）…½缶
B 中濃ソース…大さじ3
　塩…小さじ¼
オリーブ油…大さじ½

作り方

1 セロリはみじん切りにする。しめじは石づきを落として大きめにほぐし、エリンギは長さを半分に切り、さらに縦4等分に切る。

2 ボウルにA、トマト缶大さじ2、セロリの⅓量を入れてよくこね、4等分にして1cm厚さの丸形に成形する。

3 フライパンにオリーブ油を熱し、強めの中火で2を焼き色がつくまで焼き、ひっくり返す。きのこと残りのセロリを加え、軽く炒め、残りのトマト缶、Bを加え、蓋をして中火で途中混ぜながら8〜10分煮込む。

野菜たっぷりあんかけで、ワンプレートごはんがすぐ完成
五目あんかけごはん

材料（2人分）

合いびき肉…200g
にんじん…⅓本
玉ねぎ…½個
ピーマン…2個
しいたけ…3枚
にんにく（すりおろし）…小さじ½
A しょうゆ…大さじ2
　砂糖…大さじ1
　鶏がらスープの素…小さじ1
　水…¼カップ
　片栗粉…大さじ½
白いりごま…大さじ1
ごま油…大さじ½
温かいごはん…2人分

作り方

1 にんじん、ピーマンはせん切り、玉ねぎ、しいたけは薄切りにする。

2 フライパンにごま油を熱し、強めの中火でひき肉、にんにくを炒め、色が変わったらにんじん、玉ねぎ、しいたけを加えてさらに炒める。よく混ぜたAとピーマンを加えて全体にとろみがつくまで炒め、ごまを加えてひと混ぜする。

3 器にそれぞれごはんを盛り、2をかける。

大きめにほぐしたひき肉でボリューム感も◎
ごろっとひき肉のにらもやし炒め

材料（2人分）

合いびき肉…200g
にら…½束
もやし…1袋（200g）
しょうゆ…大さじ2
砂糖…大さじ1
ごま油…小さじ1

作り方

1 にらは4cm長さに切る。

2 フライパンにひき肉を入れ、強めの中火で大きめにほぐすように焼きつけ、色が変わったらもやしを加え、2分ほど炒める。しょうゆ、砂糖を加えて全体にからめるように炒め、にらを加えてさっと炒め、ごま油を回しかける。

冷凍&冷蔵作りおき＋時短レシピで

大満足の献立作り❶

本書で紹介している冷凍＆冷蔵作りおきと時短レシピを組み合わせると、驚くほど食事作りがラクに。
手軽に作れて、栄養バランス満点のおいしい食事を味わいましょう。

疲れて帰ってきた日は、冷凍ミールキットと野菜の作りおき、時短レシピの組み合わせ

冷凍ミールキットを作っておけば、帰ったら冷凍庫から取り出し、そのままフライパンに入れて火にかけるだけ。その間に、時短レシピを一品作って、作っておいた野菜の作りおきを盛りつければ完成！ 冷凍ミールキットのおかずはフライパンに入れるだけなので、断然ラク。疲れて帰ってきても、たんぱく質、ビタミン、ミネラルたっぷりで栄養満点の大満足の献立が簡単に作れます。余裕があれば、汁物を一品プラスしてもいいでしょう。青菜のスープなどを添えると、彩りと栄養バランスがさらによくなるのでおすすめです。

たんぱく質＆野菜
たっぷり献立も簡単！

Menu

冷凍作りおき／ミールキット
鶏むね肉とピーナッツのオイスター炒め→P19

冷蔵作りおき
白菜とツナのごまマヨサラダ→P167

時短 **にんじんしりしり**→P140

主食 **白ごはん**

Memo

時短レシピも作りおきOK！
たっぷり作って
保存容器に入れて
冷蔵庫に保存しても

時短レシピの材料は基本的に2人分ですが、倍量作って作りおきしてもOK！ 特に野菜の時短レシピは、多めに作って冷蔵庫に保存しておくと、献立作りに役立ちます。保存するときは、清潔な保存容器に入れること。早めに食べ切ることもポイントです。

Part 2

\ 無駄なく、
おいしく /

魚・卵・豆腐・厚揚げ&油揚げを
まとめ買いしたときの
上手な保存方法&
使い切りレシピ

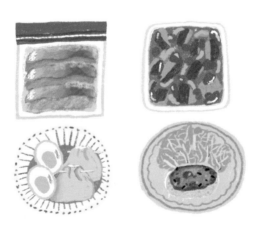

魚の冷凍が初めての方でも簡単にできる
冷凍作りおきレシピや冷蔵作りおき・時短レシピ、
また、特売などでたくさん買った卵や豆腐などを
バリエーション豊富に消費できるレシピを紹介します。

鮭

旬の秋はもちろん、特売でまとめ
買いしたら、すぐに下ごしらえを
して下味冷凍などで上手に保存。
和、洋、中のおかずに大活躍です。

下ごしらえ&保存方法

水けをしっかり
押さえる
ペーパータオルでしっ
かり押さえ、鮭の余分
な水けを取る。

ペーパータオルに
包んで冷蔵保存
ペーパータオルに包ん
で蓋つきの保存容器に
入れ（またはラップを
して）、冷蔵する。

冷蔵
3日

切り身約10切れ分

下味冷凍

塩麹しょうが
漬け→P87

冷凍
3週間 **4切れ**

ゆずしょうゆ
→P88

冷凍
3週間 **4切れ**

冷蔵作りおき

鮭の南蛮漬け
→P89

冷蔵
3日 **4切れ**

にらごまラー油
の鮭フレーク
→P89

冷蔵
3日 **4切れ**

時短

鮭のトマチリ
→P90

10分 **2切れ**

石狩豆乳鍋
→P91

20分 **2切れ**

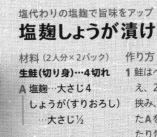

塩代わりの塩麹で旨味をアップ

塩麹しょうが漬け

冷凍 **3**週間

鮭 / 冷凍 / 冷蔵 / 時短 / かさまし

材料（2人分×2パック）
生鮭（切り身）…4切れ
A 塩麹…大さじ4
しょうが（すりおろし）
　…大さじ½

作り方
1 鮭はペーパータオルで水けを押さえ、2切れずつペーパータオルで挟み、ラップにのせる。よく混ぜたAを両面に塗り、ラップでぴったり包む。
2 1を1包みずつ冷凍用保存袋に入れる。

冷凍 How to
袋の空気を抜いて平らにし、口を閉じ、バットにのせて冷凍する。

解凍 How to
50℃のぬるま湯に15分ほど浸して解凍する。

10分
解凍時間は除く

arrange 1

塩麹としょうがが効いてるので焼くだけでおいしい

薬味たっぷり塩鮭

材料と作り方（2人分）
1 塩麹しょうが漬け1パックは解凍する。ペーパータオルをはがし、魚焼きグリルの弱火で5〜6分焼く。
2 青じそ5枚は5mm幅に、みょうが1本は縦半分に切ってから横薄切りにする。大根¼本はすりおろす。
3 1を器に盛り、2を添え、大根おろしにしょうゆ少々をかける。

10分
解凍時間は除く

arrange 2

いんげんの彩りが鮮やか。しっかり焼きつけて香ばしく

鮭といんげんの炒め物

材料と作り方（2人分）
1 塩麹しょうが漬け1パックは解凍し、ペーパータオルをはがし、3等分に切る。さやいんげん10本はヘタを落として3等分に切る。
2 フライパンにごま油小さじ1を熱し、中火で鮭を片面1分ずつ焼きつけ、いったん取り出す。いんげんを入れて2分ほど炒め、鮭を戻し入れ、しょうゆ・みりん各大さじ½を加えてさっと炒める。

鮭

ゆずこしょうを効かせた甘辛味は、しっかり味がついてるから調味いらずで簡単。

ゆずこしょうのさわやかな風味が◎

ゆずしょうゆ

冷凍
3週間

材料 (2人分×2パック)

生鮭(切り身)…4切れ	
A	しょうゆ…大さじ2
	みりん…大さじ2
	ゆずこしょう…小さじ1

作り方

1 鮭はペーパータオルで水けをしっかり押さえ、3等分に切る。
2 1を6切れずつ冷凍用保存袋に入れ、よく混ぜたAを半量ずつ加えて、軽く揉み込む。

冷凍 How to

袋の空気を抜いて平らにし、口を閉じ、バットにのせて冷凍する。

解凍 How to

50℃のぬるま湯に15分ほど浸して解凍する。

arrange 1

きのことねぎの旨味に下味のゆずこしょうがマッチ

鮭のえのきねぎソース

材料と作り方 (2人分)

1 ゆずしょうゆ1パックは解凍し、ペーパータオルで水けを押さえる。漬け汁は取っておく。えのきだけ1袋(100g)は石づきを落とし、長ねぎ½本は斜め薄切りにする。
2 フライパンにごま油小さじ1を熱し、中火で鮭を盛りつける面から焼きつける。ひっくり返し、蓋をして5分ほど焼き、器に盛る。
3 同じフライパンにえのきと長ねぎ、漬け汁大さじ1を入れ、強めの中火でしんなりするまで炒め、鮭にかける。

10分
解凍時間は除く

arrange 2

そぼろの卵もレンチンで簡単!

鮭と卵のごろっとそぼろ丼

材料と作り方 (2人分)

1 ゆずしょうゆ1パックは解凍し、魚焼きグリルの弱火で5〜6分焼き、粗めにほぐす。
2 耐熱ボウルに卵2個、マヨネーズ大さじ1½を入れてよく混ぜる。ラップをしないで電子レンジで2分加熱し、取り出して細かくほぐす。
3 器にそれぞれ温かいごはん適量を盛り、1、2をのせ、三つ葉適量を散らす。

10分
解凍時間は除く

冷蔵作りおきRecipe

南蛮漬けやにらごまラー油などのしっかり味のおかずは、保存がきくから作りおきにおすすめ。野菜も一緒に食べられるので栄養満点です。

冷蔵
3日 **15**分

肉の南蛮漬けにまけないボリューム

鮭の南蛮漬け

レンチン ＋ フライパン

材料 (4人分)

生鮭 (切り身)…4切れ
小麦粉…大さじ2
赤パプリカ…½個
玉ねぎ…½個

A しょうゆ…大さじ2
　酢…大さじ1
　みりん…大さじ1
　水…大さじ2
揚げ油…適量

作り方

1 パプリカは横半分に切って縦に薄切り、玉ねぎは縦に薄切りにする。
2 耐熱ボウルに**A**を入れて電子レンジで2分加熱し、バットに移し、**1**を加えて混ぜる。
3 鮭はペーパータオルで水けを押さえ、3等分に切り、小麦粉をまぶす。
4 フライパンに揚げ油を1cm入れて180℃に熱し、**3**を片面2分ずつ揚げ、バットに立てかけるように油をきり、**2**に漬ける。

Memo 漬け込む野菜は香味野菜＋彩り野菜がおすすめ。冷蔵庫に残っている野菜を組み合わせて使っても◎。

冷蔵
3日 **10**分

メインにもお弁当にも◎

にらごまラー油の
鮭フレーク

グリルだけ

材料 (4人分)

生鮭 (切り身)…4切れ
塩…大さじ½
にら…½束
具沢山ラー油…大さじ2
白いりごま…大さじ2

作り方

1 鮭は塩をふり、魚焼きグリルの弱火で5〜6分焼いて大きめにほぐす。
2 にらは5mm幅に切り、具沢山ラー油、白いりごまと一緒によく混ぜる。
3 **1**と**2**をざっくりと混ぜる。

Memo 麺やごはんと混ぜてもおいしいです。春巻きに包んで揚げても◎。

鮭

冷凍

冷蔵

時短

かさまし

レンチンだけ
10分

しょうがの風味ときのこの旨みをプラス

鮭のきのこあんかけ

材料（2人分）

生鮭（切り身）…2切れ
片栗粉…大さじ½
しめじ…1パック（100g）
A しょうゆ…小さじ1
　みりん…大さじ1
　塩…小さじ⅓
　しょうが（すりおろし）
　　…小さじ⅓
　水…大さじ2
三つ葉…適宜

作り方

1 鮭はペーパータオルで水けを押さえ、片栗粉をまぶす。しめじは石づきを落としてほぐす。

2 耐熱皿によく混ぜたAを広げ、1をのせ、軽くラップをして電子レンジで5分加熱し、そのまま1分ほどおく。

3 器に鮭を盛り、耐熱皿のしめじとタレをよく混ぜてかけ、好みで三つ葉をのせる。

レンチン ＋ フライパン
20分

バジルの風味が香るさわやかフライ

鮭フライ　レンチンタルタル添え

材料（2人分）

生鮭（切り身）…2切れ
A ドライバジル…小さじ⅓
　塩…小さじ⅓
小麦粉・溶き卵・パン粉
　…各適量
揚げ油…適量
B 卵…1個
　マヨネーズ…大さじ3
　ドライバジル…小さじ¼
　塩…少々
ベビーリーフ…適量

作り方

1 耐熱ボウルにBの卵とマヨネーズ大さじ1をよく溶いて混ぜ、ラップをしないで電子レンジで1分30秒加熱し、細かくなるまで混ぜる。粗熱が取れたら残りのマヨネーズ、ドライバジルを加え、塩で味をととのえ、冷蔵庫で冷やす。

2 鮭はペーパータオルで水けを押さえ、Aをふり、小麦粉、溶き卵、パン粉の順に衣をつける。

3 フライパンに揚げ油を1cm入れて170℃に熱し、2を片面2分ずつ揚げ、バットに立てかけるように油をきる。

4 器にベビーリーフをのせ、3を盛り、1を添える。

レンチンだけ
10分

ソースもレンチンで一気に作れる！

鮭のトマチリ

材料（2人分）

生鮭（切り身）…2切れ
片栗粉…大さじ½
ミニトマト…2個
長ねぎ…¼本
A トマトケチャップ…大さじ3
　オイスターソース…大さじ1
　豆板醤…小さじ1
　酢…大さじ1
　鶏がらスープの素…小さじ1

作り方

1 鮭はペーパータオルで水けを押さえ、3等分に切り、片栗粉をまぶす。長ねぎは粗みじん切りにする。

2 耐熱皿によく混ぜたAを広げ、鮭、隙間にミニトマトをのせ、軽くラップをして電子レンジで5分加熱し、そのまま1分ほどおく。

3 長ねぎを加え、鮭を崩さないように全体を混ぜる。

どんな味つけにも合う鮭は、和風おかずはもちろん、フライやハーブ焼きの洋風おかず、チリソースの中華おかずなど毎日のおかずに大活躍。どれも手軽に作れるレシピばかりです。

みそとバターのコクでごはんも進む
鮭のちゃんちゃん焼き

20分　フライパンひとつで

材料（2人分）
生鮭（切り身）…2切れ
A みそ…大さじ1 ½
│ みりん…大さじ2
キャベツ…¼個（250g）
長ねぎ…½本
B 酒…大さじ1
│ 水…大さじ1
バター…15g
一味唐辛子…適宜

作り方
1 鮭はペーパータオルで水けを押さえ、3等分に切る。ボウルに入れ、混ぜ合わせたAのうち大さじ1を加えて和える。
2 キャベツは大きめにちぎり、長ねぎは1cm幅の斜め切りにする。
3 フライパンに2、1を入れ、残ったAにBを混ぜて回しかけ、バターを小さくちぎってのせる。蓋をして中火にかけ、煮立ったら弱火にして15分ほど加熱する。好みで一味唐辛子をふる。

20分　鍋ひとつで

豆乳とみそがよく合う！野菜もたっぷりとれる
石狩豆乳鍋

材料（2人分）
生鮭（切り身）…2切れ
白菜…⅛個
長ねぎ…1本
まいたけ…1パック（100g）
削り節…5g
A 調整豆乳…1カップ
│ みそ…大さじ2

作り方
1 鮭はペーパータオルで水けを押さえ、3等分に切る。白菜は3cm幅に切る。長ねぎは白い部分を斜め切り、青い部分を小口切りにする。まいたけは一口大にほぐす。
2 鍋に長ねぎの青い部分以外の1、削り節、水1 ½カップを入れ、強めの中火にかける。煮立ったら蓋をして弱めの中火で5分ほど煮込み、よく混ぜたAを加え、煮立つ直前に火を止め、長ねぎの青い部分を散らす。

20分　フライパンひとつで

ハーブの香りとバターのコクで鮭を味わう
鮭のハーブ焼き

材料（2人分）
生鮭（切り身）…2切れ
A 塩…小さじ⅓
│ 粗びき黒こしょう…少々
│ 小麦粉…大さじ1
じゃがいも…1個（150g）
B 塩…小さじ¼
│ 粗びき黒こしょう…少々
│ 小麦粉…大さじ½
ピザ用チーズ…50g
ローズマリー…2本
バター…20g

作り方
1 鮭はペーパータオルで水けを押さえ、Aを上から順にまぶす。
2 じゃがいもはスライサーなどで細いせん切りにし、Bと和える。
3 フライパンにバター10gを中火で熱し、鮭を盛りつける面を下にしてフライパンの中心におき、ローズマリーをのせる。2を両端に半量ずつ楕円形におき、チーズを半量ずつのせる。鮭、じゃがいもそれぞれに焼き色がついたらひっくり返して蓋をし、弱めの中火で5分ほど焼く。
4 器に盛り、残りのバターを鮭の上にのせる。

さば

生さばが安く、大量に手に入った
ら、なるべく早めに下ごしらえを
して適切な保存を。アニサキス対
策には冷凍、加熱が有効です。

下ごしらえ&保存方法

**中骨や大きめの
骨を取り除く**
生さばの半身は、真ん
中の骨を切り取ると、
身に骨が残らず、食べ
やすくなる。

**ペーパータオルに包
んで冷蔵保存**
ペーパータオルに包ん
で蓋つきの保存容器に
入れ（またはラップを
して）、冷蔵する。

冷蔵
2日

半身約10枚分

下味冷凍

レモンペッパー
→P93
冷凍
3週間 **4**枚

しょうがみそ漬け
→P94
冷凍
3週間 **4**枚

冷蔵作りおき

さばとセロリの
トマト煮
→P95
冷蔵
3日 **4**枚

さばの
梅みそそぼろ
→P95
冷蔵
3日 **4**枚

時短

さばと
まいたけの
酒蒸し→P96
10分 **2**枚

さばと
ズッキーニの
チーズ焼き
→P97
15分 **2**枚

レモンとこしょうで魚臭さも気にならない

レモンペッパー

冷凍 **3**週間

材料（2人分×2パック）

生さば(半身)…4枚
A レモン（輪切り）…4枚
　粗びき黒こしょう…少々
　塩…小さじ½
　オリーブ油…大さじ3

作り方

1 さばはペーパータオルで水けを押さえ、大きめの骨は取り除き、半分に切る。
2 1を4切れずつ冷凍用保存袋に入れ、Aを半量ずつ加えて軽く揉み込む。

:冷凍 How to
袋の空気を抜いて平らにし、口を閉じ、バットにのせて冷凍する。

解凍 How to
50℃のぬるま湯に15分ほど浸して解凍する。

さば
冷凍
冷蔵
時短
かさまし

⏱10分
解凍時間は除く

arrange 1

レモンとバジルでさわやか！ マヨネーズでコクをプラス

さばのハーブパン粉焼き

材料と作り方 （2人分）

1 レモンペッパー1パックは解凍し、ペーパータオルで水けを押さえる。パン粉⅔カップ、ドライバジル小さじ1、マヨネーズ大さじ2、オリーブ油大さじ1をよく混ぜ、さば全体にまぶす。
2 フライパンを熱し、1を中火で片面がこんがり焼き色がつくまで蓋をして3分ほど焼き、ひっくり返してさらに3分ほど焼く。
3 器に盛り、好みでパセリ（みじん切り）適量をふる。

⏱20分
解凍時間は除く

arrange 2

下味冷凍だからホイル焼きでもしっかり味つき

さばのレモンバターしょうゆ焼き

材料と作り方 （2人分）

1 レモンペッパー1パックは解凍する。アルミホイルにもやし⅔袋の半量、さば（レモンごと）半量をのせて包む。同様にもう1つ作る。
2 1をフライパンに入れ、蓋をして弱めの中火で15分ほど焼く。
3 器に盛り、包みを開いてバター20gを半量ずつのせる。好みでしょうゆ少々をかける。

さば

冷凍作りおき❷ 下味冷凍

こっくりとしたしょうがみそ味は、
みそ煮や焼き物などごはんの進むおかずに。

さばに相性のいいみそでしっかり下味

しょうがみそ漬け

冷凍
3週間

材料（2人分×2パック）

生さば(半身)…4枚

A みそ…大さじ3

　はちみつ…大さじ4

　しょうが(すりおろし)
　…大さじ½

作り方

1 さばはペーパータオルで水けを押さえ、3等分に切る。6切れをペーパータオルに包み、よく混ぜたAの半量を両面に塗る。同様にもう1包み作る。

2 1を1包みずつ冷凍用保存袋に入れる。

:冷凍 How to

袋の空気を抜いて平らにし、口を閉じ、バットにのせて冷凍する。

解凍 How to

50℃のぬるま湯に15分ほど浸して解凍する。

---

arrange 1

ごぼうと一緒に煮込むだけで濃厚な味わい

さばとごぼうのみそ煮

材料と作り方（2人分）

1 しょうがみそ漬け1パックは解凍し、ペーパータオルをはがす。漬け汁は取っておく。ごぼう½本は斜め薄切りにし、水にさらしてアクを抜き、水けをきる。

2 フライパンにさば、漬け汁を入れ、みそ・酒各大さじ1、水¼カップ、ごぼうを加えて火にかける。煮立ったら、落とし蓋をしてから蓋をし、弱めの中火で6〜7分煮込む。水分が多ければ強火で煮詰める。

10分
解凍時間は除く

arrange 2

フライパンで焼くだけ! マヨネーズとも合う

さばのみそマヨ焼き

材料と作り方（2人分）

1 しょうがみそ漬け1パックは解凍し、ペーパータオルをはがして漬け汁を軽く拭う。万能ねぎ3本は小口切りにする。

2 フライパンにマヨネーズ大さじ1½を熱し、中火でさばを皮目から焼き、ひっくり返して蓋をし、弱めの中火で6〜7分焼く。

3 器に盛り、万能ねぎをかける。

10分
解凍時間は除く

冷蔵作りおきRecipe

生さば半身4枚を使って、トマト煮と梅みそそぼろを作りましょう。どちらも魚臭くなく、保存も効くからおすすめ。そぼろはごはんにのせて召し上がれ。

冷蔵 **3日**　**15分**

冷蔵 **3日**　**15分**

さばとトマトは相性ばっちり

さばとセロリのトマト煮

フライパンひとつで

材料 (4人分)

生さば(半身)…4枚	にんにく (すりおろし)
A 塩…小さじ½	…大さじ½
粗びき黒こしょう…小さじ½	ホールトマト缶(水煮)…1缶
小麦粉…大さじ2	B 中濃ソース…大さじ3
セロリ(茎の部分)…1本	塩…小さじ½
	オリーブ油…大さじ2

作り方

1 さばはペーパータオルで水けを押さえ、中骨や大きめの骨を取り除き、3等分に切り、Aをまぶす。セロリは斜め薄切りにする。

2 フライパンにオリーブ油を熱し、強めの中火でさばを皮目から焼き色がつくまで両面焼きつける。

3 セロリ、にんにくを加えて炒め、トマト缶を粗めにつぶしながら加える。Bを加えて煮立たせ、蓋をして中火で5分ほど煮込む。

Memo パスタのソースにしても◎。アレンジしやすいように骨を取り除いて作るといいでしょう。

いろいろな料理にアレンジできる和風そぼろ

さばの梅みそそぼろ

フライパンひとつで

材料 (4人分)

生さば(半身)…4枚

A 梅干し(塩分10%)…2個(30g)
　しょうが(すりおろし)…大さじ½
　みそ…大さじ3
　酒…大さじ1
万能ねぎ(小口切り)…4本分

作り方

1 さばはペーパータオルで水けを押さえ、中骨や大きめの骨を取り除く。梅干しは種を取り除く。

2 フライパンを熱し、強めの中火でさばを皮目から2～3分焼きつけ、ひっくり返して皮を外し、大きめにほぐしながらながら2～3分焼く。

3 Aを加えて梅干しを崩しながら焼き、火を止めて万能ねぎを加え、よく混ぜる。

Memo 焼きそばや焼きうどん、チャーハンやおにぎりの具にしたり、野菜と一緒に炒めたりするのもおすすめです。

レンチンだけ 10分

蒸し器いらず！ レンチンで簡単酒蒸し

さばとまいたけの酒蒸し

材料(2人分)
生さば(半身)…2枚
塩…小さじ¼
長ねぎ…1本
まいたけ…1パック(100g)
酒…大さじ2
しょうゆ…少々

作り方
1 さばはペーパータオルで水けを押さえ、中骨と大きめの骨を取り除き、半分に切り、塩をふる。長ねぎは白い部分を斜め薄切り、青い部分を斜め極薄切りにする。まいたけは食べやすい大きさにほぐす。
2 耐熱の器に長ねぎの白い部分半量を敷き、さば、まいたけをのせ、上から残りの長ねぎの白い部分をのせる。酒を回しかけ、軽くラップをして電子レンジで8分加熱する。長ねぎの青い部分を散らし、しょうゆを回しかける。

レンチンだけ 15分

アクアパッツァも電子レンジでできる！

さばのアクアパッツァ風

材料(2人分)
生さば(半身)…2枚
A 塩…小さじ½
　粗びき黒こしょう…少々
あさり(砂抜きする)…100g
ミニトマト…6個
セロリ(葉を含む)…½本
B 白ワイン(酒でも可)
　　…大さじ3
　にんにく(すりおろし)
　　…小さじ½
オリーブ油…大さじ½

作り方
1 さばはペーパータオルで水けを押さえ、中骨と大きめの骨を取り除き、半分に切り、Aをふる。セロリの茎は斜め薄切り、葉は細いせん切りにする。
2 耐熱の器にセロリの茎を敷き、さば、あさり、ミニトマトをのせ、混ぜ合わせたBを回しかける。軽くラップをして電子レンジで10分加熱し、セロリの葉とオリーブ油をかける。

フライパンひとつで 15分

ポリ袋で簡単！ しょうがとにんにくがよく染み込む

さばの竜田揚げ

材料(2人分)
生さば(半身)…2枚
A しょうゆ…大さじ1
　みりん…大さじ1
　しょうが(すりおろし)
　　…小さじ⅓
　にんにく(すりおろし)
　　…小さじ⅓
片栗粉…大さじ1½
揚げ油…適量
キャベツ(せん切り)…適宜

作り方
1 さばはペーパータオルで水けを押さえ、中骨と大きめの骨を取り除き、3等分に切り、ポリ袋にAと一緒に入れて軽く揉み込み、10分ほどおく。
2 1の汁けをきり、片栗粉をまぶす。
3 フライパンに揚げ油を1cm入れて170℃熱し、2を片面2分ずつ揚げ、バットに立てかけるように油をきる。器に盛り、好みでキャベツを添える。

さばは意外にもレンジ調理向き。ふっくら、しっとり、おいしく仕上がります。トースターを使ったチーズ焼きや揚げ物、炒め物など、和洋中のおかずでさばを存分に楽しめます。

さっと炒めてクミンの香りをさばに移して

さばとパプリカのクミン炒め

材料 (2人分)
生さば(半身)…2枚
小麦粉…大さじ1
赤パプリカ…1個
クミンシード…小さじ1
A 中濃ソース…大さじ3
 にんにく(すりおろし)
 …小さじ1
オリーブ油…大さじ1

作り方
1 さばはペーパータオルで水けを押さえ、中骨と大きめの骨を取り除き、4等分に切り、小麦粉をまぶす。パプリカは一口大の乱切りにする。
2 フライパンにオリーブ油とクミンシードを熱し、中火でさばを皮目から焼き色がつくまで焼き、ひっくり返してパプリカを加え、3～4分炒める。Aを加え、さばを崩さないようにからめながら炒める。

甘酢でさっぱり。玉ねぎの甘味もうれしい

さばの甘酢玉ねぎソース

材料 (2人分)
生さば(半身)…2枚
A 粗びき黒こしょう
 …小さじ½
 片栗粉…大さじ1
玉ねぎ…½個
B 酢…大さじ2
 しょうゆ…大さじ1
 みりん…大さじ1
 水…大さじ2
サラダ油…大さじ½

作り方
1 さばはペーパータオルで水けを押さえ、中骨と大きめの骨を取り除き、4等分に切り、Aを上から順にまぶす。玉ねぎは縦8等分に切る。Bは混ぜ合わせておく。
2 フライパンにサラダ油を熱し、中火でさばを皮目から片面2分ずつ焼きつけ、取り出す。
3 同じフライパンに玉ねぎを入れ、強めの中火で1分ほど炒め、2を戻し入れてBを加え、とろみがつくまで煮詰める。

マヨネーズとチーズで濃厚に

さばとズッキーニのチーズ焼き

材料 (2人分)
生さば(半身)…2枚
A 塩…小さじ½
 粗びき黒こしょう…少々
ズッキーニ…1本
オリーブ油…大さじ1
マヨネーズ…大さじ2
ピザ用チーズ…50g
パン粉…大さじ3
パセリ(みじん切り)…適宜

作り方
1 さばはペーパータオルで水けを押さえ、中骨と大きめの骨を取り除き、3等分に切り、Aをふる。ズッキーニは5mm幅の輪切りにする。
2 耐熱の器にオリーブ油とズッキーニを入れて和え、平らに広げる。さばを重ならないようにのせ、軽くラップをして電子レンジで5分加熱する。
3 マヨネーズを回しかけ、ピザ用チーズをのせ、パン粉を散らす。オーブントースターでパン粉に焼き色がつくまで7～8分焼き、好みでパセリを散らす。

ぶり

旬のぶりがまとめて手に入ったら、おいしく使い切る工夫を。ぶり料理のバリエーションが少ない人に必見のおかずをご紹介します。

下ごしらえ&保存方法

ぶりの臭み消しに黒こしょう

ぶりの生臭さが気になるときは、粗びき黒こしょうをふってから調理するのがコツ。

ペーパータオルに包んで冷蔵保存

ペーパータオルに包んで蓋つきの保存容器に入れ（またはラップをして）、冷蔵する。

冷蔵 2日

切り身約10切れ分

下味冷凍

ゆず塩麹
→P99

冷凍 3週間　**4切れ**

ガーリックしょうゆ
→P100

冷凍 3週間　**4切れ**

冷蔵作りおき

ぶりと
ひよこ豆の
ケチャップ煮
→P101

冷蔵 3日　**4切れ**

ぶりの漬け焼き
→P101

冷蔵 3日　**4切れ**

時短

ぶりとかぼちゃの
ハーブ焼き
→P102

10分　**2切れ**

ぶりとなすの
甘辛だし煮
→P102

10分　**2切れ**

ピリッと辛いゆずこしょうと塩麹の下味は、そのまま焼いたり、
バターでソテーしたりしてもおいしい。衣をつけてフライにするのもおすすめです。

ゆずこしょうでぶりをさわやかに

ゆず塩麹

冷凍
3週間

ぶり
冷凍
冷蔵
時短
かさまし

材料（2人分×2パック）
ぶり（切り身）…4切れ
A ゆずこしょう
　…大さじ½
　塩麹…大さじ4

作り方
1 ぶりはペーパータオルで水けを
　押さえ、2切れずつペーパータ
　オルで挟み、ラップにのせる。
　よく混ぜたAを両面に塗り、
　ラップでぴったり包む。
2 1を1包みずつ冷凍用保存袋に
　入れる。

:冷凍 How to
袋の空気を抜いて平らにし、口を閉じ、バットにのせて冷凍する。

解凍 How to
50℃のぬるま湯に15分ほど浸して解凍する。

10分
解凍時間は除く

arrange 1

バターのコクをプラス！

和風ぶりステーキ

材料と作り方（2人分）
1 ゆず塩麹1パックは解凍し、ペーパータオルをはがす。さやいんげ
　ん10〜12本（100g）はヘタを落として半分に切る。
2 フライパンにバター15gを熱し、中火でぶりを片面に焼き色がつく
　まで焼き、ひっくり返していんげんを加える。蓋をして弱めの中火
　で5分ほど焼き、ぶりを器に盛る。
3 フライパンに残ったいんげんに塩・粗びき黒こしょう各少々をふっ
　てさっと炒め、ぶりに添える。

15分
解凍時間は除く

arrange 2

下味つきだから衣をつけて揚げるだけ

ぶりカツ

材料と作り方（2人分）
1 ゆず塩麹1パックは解凍し、ペーパータオルをはがす。ペーパータ
　オルで水けを押さえ、小麦粉・溶き卵・パン粉各適量の順に衣をつ
　ける。キャベツ¼個はせん切り、レモン½個は半分に切る。
2 フライパンに揚げ油を1cm入れて170℃に熱し、ぶりを片面2分ず
　つ揚げ、バットに立てかけるように油をきる。
3 器に盛り、キャベツ、レモンを添える。

ぶり

甘辛ガーリック味は、野菜と一緒に炒めたり、衣をつけてから揚げにしたりするのがおすすめ。

にんにく入りのしっかり下味でアレンジしやすい

ガーリックしょうゆ

冷凍 **3週間**

材料 (2人分×2パック)

ぶり(切り身)…4切れ

A しょうゆ…大さじ3

　砂糖…大さじ3

　にんにく(すりおろし)

　…大さじ½

作り方

1 ぶりはペーパータオルで水けをしっかり押さえ、3等分に切る。

2 1を6切れずつ冷凍用保存袋に入れ、よく混ぜたAを半量ずつ加える。

冷凍 How to

袋の空気を抜いて平らにし、口を閉じ、バットにのせて冷凍する。

解凍 How to

50℃のぬるま湯に15分ほど浸して解凍する。

---

arrange 1

漬け汁を使って味つけも手間いらず

ぶりとれんこんの甘辛炒め

材料と作り方 (2人分)

1 ガーリックしょうゆ1パックは解凍する。漬け汁は取っておく。れんこん½節(200g)は一口大の乱切りにし、水にさらしてアクを抜き、水けをきる。

2 フライパンにごま油大さじ½を熱し、中火で汁けをきったぶりを焼き、焼き色がついたらひっくり返し、れんこんを加える。蓋をして弱めの中火でれんこんをひっくり返しながら焼き、漬け汁としょうゆ少々で味をととのえながら焼きからめる。

10分
解凍時間は除く

arrange 2

にんにくの下味がからあげに合う

ぶりからあげ

材料と作り方 (2人分)

1 ガーリックしょうゆ1パックは解凍し、汁けをきり、小麦粉大さじ1、片栗粉大さじ2を混ぜ合わせてまぶす。

2 フライパンに揚げ油を1cm入れて170℃に熱し、1を片面2分ずつ揚げ、バットに立てかけるように油をきる。

3 器に盛り、キャベツ(せん切り)適量を添える。

10分
解凍時間は除く

冷蔵作りおきRecipe

ぶりは和風のおかずはもちろん、洋風おかずにも相性◎。
まとめて作りおきしておけば、お弁当にも大活躍です。

冷蔵 **3日** ⏱**15分**

冷蔵 **3日** ⏱**10分** 漬け時間は除く

ケチャップ味でぶりを洋風に

ぶりとひよこ豆の
ケチャップ煮

フライパンひとつ

材料（4人分）
ぶり（切り身）…4切れ
A 粗びき黒こしょう
　　…小さじ½
　小麦粉…大さじ½
セロリ…1本
ひよこ豆（ドライパック）
　…200g

B にんにく（すりおろし）
　　…小さじ1
　トマトケチャップ…大さじ4
　中濃ソース…大さじ2
　塩…小さじ¼
　オリーブ油…大さじ½

作り方
1 セロリは斜め薄切りにする。ぶりはペーパータオルで水けを押さえ、3等分に切り、Aをまぶす。
2 フライパンにオリーブ油を熱し、強めの中火でぶりを両面に焼き色がつくまで焼き、セロリ、ひよこ豆を加え、さらに炒める。
3 Bを加え、ぶりを崩さないように混ぜながら炒め、蓋をして途中軽く混ぜながら中火で5分ほど煮込む。

Memo 豆は好きなものを使ってOK。パスタとからめたり、トーストにのせて焼いてもおいしいです。

ポリ袋で味も染みる。照り焼きより簡単！

ぶりの漬け焼き

グリルだけ

材料（4人分）
ぶり（切り身）…4切れ
A しょうゆ…大さじ2
　酒…大さじ1
　みりん…大さじ1
　しょうが（すりおろし）…小さじ½

作り方
1 ぶりはペーパータオルで水けを押さえ、半分に切り、ポリ袋にAと一緒に入れて軽く揉み込み、冷蔵庫で30分ほど漬け込む。
2 1の汁けを軽くきり、魚焼きグリルの弱火で焦げないように7〜8分焼く。

Memo お弁当にぴったり！ しっかりした味つけで、ごはんが進みます。

ぶり

冷凍
冷蔵
時短
かさまし

101

フライパンひとつで ⏲10分

カリッとしたシンプルソテーにハーブの香りを添えて

ぶりとかぼちゃのハーブ焼き

材料（2人分）

ぶり（切り身）…2切れ
A 塩…小さじ¼
┃ 粗びき黒こしょう…少々
┃ 小麦粉…大さじ½
かぼちゃ…⅛個（正味200g）
ローズマリー…2本
塩・粗びき黒こしょう…各少々
オリーブ油…大さじ1

作り方

1 ぶりはペーパータオルで水けを押さえ、Aを上から順にまぶす。かぼちゃは横半分に切り、縦1cm幅に切る。

2 フライパンにオリーブ油を熱し、中火で1を焼き色がつくまで焼き、ひっくり返す。ぶりにローズマリーをのせ、蓋をして中火で5分ほど焼き、かぼちゃに塩、粗びき黒こしょうをふる。

レンチンだけ ⏲10分

ポン酢しょうゆと大根おろしでさっぱりと

ぶりとわかめの酒蒸し

材料（2人分）

ぶり（切り身）…2切れ
塩…小さじ⅓
わかめ（乾燥）…10g
大根おろし…¼本分
A 酒…大さじ2
┃ しょうが（すりおろし）
┃ …小さじ½
┃ 水…¼カップ
ポン酢しょうゆ…適量
三つ葉…適量

作り方

1 ぶりはペーパータオルで水けを押さえ、半分に切り、塩をふる。

2 耐熱の器にわかめを敷いて1をのせ、混ぜ合わせたAを回しかける。

3 軽くラップをして電子レンジで5分加熱し、大根おろしをのせてポン酢をかけ、三つ葉をのせる。

レンチンだけ ⏲10分

じゅわっと煮汁を含んだなすが美味

ぶりとなすの甘辛だし煮

材料（2人分）

ぶり（切り身）…2切れ
なす…2本
A しょうゆ…大さじ1
┃ みりん…大さじ1
┃ しょうが（すりおろし）
┃ …小さじ½
┃ 水…大さじ1
ごま油…大さじ1

作り方

1 なすは1.5cm幅の輪切りにし、ポリ袋に入れ、ごま油を加えて和える。ぶりはペーパータオルで水けを押さえ、4等分に切る。

2 耐熱の器に混ぜ合わせたAを入れてぶりをのせ、隙間になすを詰める。軽くラップをして電子レンジで5分加熱し、そのまま1分ほどおく。

ぶりはそのまま焼いたり、ソテーしたりするのはもちろん、食べやすい大きさに切って調理するのもおすすめ。レンジ調理や炒めるだけなど、すぐにできるものばかりなので、毎日の献立にぜひ取り入れて。

フライパンで簡単炒め物。からめて照りを出して

ぶりとたけのこのオイスター炒め

材料（2人分）

ぶり（切り身）…2切れ
A 粗びき黒こしょう…少々
｜ 片栗粉…大さじ½
たけのこ（水煮）…150g
B オイスターソース
　　…大さじ1½
｜ みりん…大さじ1
ごま油…小さじ1

作り方

1 ぶりはペーパータオルで水けを押さえ、4等分に切り、Aをまぶす。たけのこは一口大の乱切りにする。

2 フライパンにごま油を熱し、中火でぶりを焼き色がつくまで焼き、ひっくり返す。たけのこを加え、蓋をして、たけのこをひっくり返しながら5分ほど焼く。Bを加え、ぶりを崩さないように炒めからめる。

きんぴらにぶりが入ってボリュームアップ

ぶりのきんぴら焼き

材料（2人分）

ぶり（切り身）…2切れ
ごぼう…½本
にんじん…⅓本
赤唐辛子（輪切り）…½本分
片栗粉…大さじ½
A しょうゆ…大さじ1½
｜ 砂糖…大さじ1½
サラダ油…大さじ½

作り方

1 ごぼうは斜め薄切りにし、水にさらしてアクを抜き、水けをきる。にんじんは短冊切りにする。ぶりはペーパータオルで水けを押さえ、4等分に切り、片栗粉をまぶす。

2 フライパンにサラダ油と赤唐辛子を熱し、中火でぶりを焼き、焼き色がついたらひっくり返す。ごぼう、にんじんを加え、蓋をして時々野菜を混ぜながら5分ほど焼く。Aを加え、ぶりを崩さないように炒めからめる。

きのこと黒酢で味に深みが出る

ぶりとまいたけの黒酢炒め

材料（2人分）

ぶり（切り身）…2切れ
A 塩…小さじ⅓
｜ 粗びき黒こしょう…少々
｜ 片栗粉…大さじ½
まいたけ…1パック（100g）
B 黒酢…大さじ2
｜ みりん…大さじ2
サラダ油…大さじ½

作り方

1 ぶりはペーパータオルで水けを押さえ、3等分に切り、Aを上から順にまぶす。まいたけは食べやすい大きさにほぐす。

2 フライパンにサラダ油を熱し、中火で1を両面に焼き色がつくまで焼きつけ、Bを加え、強めの中火で煮立たせながらからめる。

(代わりの食材)
黒酢は玄米を原料にしていることが多く、旨味も強くておすすめ。なければ米酢を使っても。

卵

安い、栄養価が高い、レシピが豊富な食材といえば、卵。安いときに大量買いしたら、朝、昼、夜に登場させて上手に使い切って。

下ごしらえ&保存方法

使いやすい状態で保存すると便利
買ってきたら、冷蔵庫に保存を。ゆで卵を多めに作って保存しておくと、すぐに使えて便利。炒り卵にすれば冷凍も可能。賞味期限前の卵は生や半熟でもOKですが、賞味期限を過ぎたものはしっかりと火を通して調理してください。

生卵	ゆで卵	炒り卵
冷蔵 **14**日	冷蔵 **3**日	冷凍 **2**週間

約20個分

冷蔵作りおき

桜えびの
炒り卵
→P107
冷蔵 **3**日　**10**個

味玉
→P107
冷蔵 **3**日　**10**個

時短

エッグベネディクト風
→P109
 20分　**2**個

シュクシュカ
→P109
15分　**2**個

とろとろ
かきたまスープ
→P110
 10分　**2**個

信田煮
→P111
15分　**4**個

かさまし

えびチリ卵
→P105
10分　**2**個

豚キムチ卵
→P105
10分　**2**個

卵

冷凍

冷蔵

時短

かさまし

10分 マヨネーズを使ってレンジでふんわり卵

えびチリ卵

材料（2人分）

A 卵…2個
┌ マヨネーズ…大さじ1
むきえび（大）…150g
長ねぎ…¼本
片栗粉…大さじ2
B トマトケチャップ…大さじ3
┌ 酢…大さじ1
鶏がらスープの素…小さじ1
オイスターソース…小さじ1
└ 水…大さじ1

作り方

1 えびは片栗粉大さじ1½をよく揉み込み、流水で洗い、ペーパータオルで水けをしっかり押さえて残りの片栗粉をまぶす。長ねぎは粗みじん切りにする。

2 耐熱ボウルに**A**を入れてよく溶き、ラップをしないで2分加熱し、粗めに崩す。

3 耐熱皿に**B**を混ぜて広げ、えびを並べる。軽くラップをして電子レンジで4分加熱し、そのまま1分ほどおき、長ねぎ、2を加えてざっくりと混ぜる。

10分 フライパンひとつで 卵で味わいをマイルドに。ボリュームもアップ

豚キムチ卵

材料（2人分）

A 卵…2個
┌ 塩…少々
豚バラ薄切り肉…100g
キムチ…150g
B みそ…大さじ½
┌ みりん…大さじ1
ごま油…大さじ½

作り方

1 豚肉は6cm幅に切る。**A**はよく溶き、**B**は混ぜ合わせておく。

2 フライパンにごま油を熱し、**A**を流し入れ、強めの中火で大きめの炒り卵を作り、取り出す。

3 2のフライパンに豚肉を入れて強めの中火で炒め、焼き色がついたらキムチと**B**を加え、水分を飛ばすように炒め、2を加えてざっくりと混ぜる。

卵

冷蔵 **3**日 ・ **10**分

冷蔵 **3**日 ・ **20**分

わさびが効いたたっぷり卵のサラダ　　　混ぜるだけ

卵サラダ

材料（4人分）

ゆで卵…10個

玉ねぎ…⅓個

きゅうり…1本

A マヨネーズ…大さじ5

　わさび…小さじ1

　塩…小さじ⅓

　こしょう…少々

作り方

1 きゅうりは薄い輪切り、玉ねぎは縦に極薄切りにし、水にさらして水けを絞る。

2 ボウルに1、Aを入れてよく混ぜる。

3 ゆで卵を粗めに崩しながら2に加え、よく混ぜる。

> **Memo** シンプルな卵サラダなので、好みの食材を追加したり、パンに挟んでサンドイッチにしたりするなど、いろいろなアレンジができます。

お弁当にもお酒のおつまみにも◎　　フライパンひとつ

きのこのスペイン風オムレツ

材料（4人分）

A 卵…10個　　　　　　　　玉ねぎ…1個

　マヨネーズ…大さじ5　　　ベーコン…4枚

　塩・粗びき黒こしょう　　　塩…小さじ¼

　…各小さじ¼　　　　　　　こしょう…少々

しめじ…2パック（200g）　　オリーブ油…大さじ2

作り方

1 しめじは石づきを落として細かくほぐし、玉ねぎは薄切りにする。ベーコンは5mm幅に切る。Aはよく溶いておく。

2 フライパンにオリーブ油を熱し、中火でベーコン、しめじ、玉ねぎを炒め、塩、こしょうで下味をつける。

3 しんなりしたらAを加え、半熟のスクランブルエッグ状態にし、蓋をして弱めの中火で12〜15分加熱し、そのまま粗熱を取る。

> **Memo** トマトケチャップ：中濃ソース＝3：2でソースを作って添えても◎。

卵を一気に10個使い切れる作りおきおかずをご紹介。定番の味玉はもちろん、サラダ、オムレツ、炒り卵など、作っておけば、
朝ごはんやお弁当に重宝します。

冷蔵 **3日** **10分**

冷蔵 **3日** **10分** 漬け時間は除く

混ぜてアレンジしやすい卵料理

桜えびの炒り卵

フライパンひとつで

材料 (4人分)

A 卵…10個
　みりん…¼カップ
　塩…小さじ⅔
桜えび(乾燥)…5g
万能ねぎ…5本
しょうが(すりおろし)…小さじ1
ごま油…大さじ1

作り方

1 Aはよく溶いておく。万能ねぎは小口切りにする。

2 フライパンにごま油と桜えび、しょうがを熱し、卵液を流し
　入れ、強めの中火で大きめの炒り卵を作る。

3 万能ねぎを加えてざっくりと混ぜる。

Memo　チャーハンの具にしたり、ごはんに混ぜてまぜごはん
　　　　にしたり、また、ゆでた野菜と合わせてもおいしいです。

ほどよい味つけのゆで卵は使い道いろいろ

味玉

レンチンだけ

材料 (4人分)

ゆで卵…10個
A しょうゆ…大さじ2
　みりん…大さじ2
　削り節…3g
　赤唐辛子(輪切り)…¼本分
　水…大さじ2

作り方

1 耐熱ボウルにAを入れ、ラップをしないで電子レンジで1分
　30秒加熱して煮立て、粗熱を取る。

2 ポリ袋にゆで卵、1を入れて空気を抜くように密封し、冷蔵
　庫で半日以上おく。

調理のPoint

ゆで卵は固ゆでにしてください。ゆで卵はすぐに食べない場合、半
熟にしないでしっかり火を通すといいでしょう。

フライパンひとつで　10分

簡単オムレツがボリュームおかずに

チーキャベオムレツ

材料（2人分）

A 卵…5個
　マヨネーズ…大さじ3
　こしょう…少々
キャベツ…⅛個
ピザ用チーズ…50g
オリーブ油…大さじ1

作り方

1 Aはよく溶いておく。キャベツはせん切りにする。
2 フライパンにオリーブ油を熱し、Aを流し入れ、中火でゆるめのスクランブルエッグ状態に焼き、チーズを満遍なくふり、キャベツをのせ、2つ折りにする。

Memo トマトケチャップを添えると彩りもきれいです。

フライパンひとつで　15分

甘酸っぱいあんかけが食欲をそそる

かに玉

材料（2人分）

A 卵…4個
　鶏がらスープの素…大さじ½
　こしょう…少々
かに風味かまぼこ…100g
しいたけ…2枚
万能ねぎ…3本
B トマトケチャップ…大さじ3
　酢…大さじ1
　鶏がらスープの素…小さじ1
　片栗粉…小さじ1
　水…½カップ
ごま油…大さじ1

作り方

1 しいたけは極薄切り、万能ねぎは斜め薄切り、かにかまはほぐす。Aはよく溶き、Bは混ぜ合わせておく。
2 直径16〜18cmのフライパンにごま油を熱し、中火でしいたけを軽く炒め、かにかま、万能ねぎ、Aを加えて混ぜながらゆるめのスクランブルエッグ状態にし、蓋をして弱火で5分ほど焼き、器に取り出す。
3 2のフライパンにBを入れ、煮立たせながらとろみをつけ、2にかける。

フライパンひとつで　10分

だしを吸った麸でかさまし

いんげんと麸の卵とじ

材料（2人分）

卵…3個
小町麸…10個（10g）
さやいんげん
　…10〜12本（100g）
A 削り節…3g
　しょうゆ…大さじ2
　みりん…大さじ2
　水…¾カップ

作り方

1 卵は溶きほぐす。いんげんはヘタを落として3等分に切る。
2 フライパンにAを煮立て、いんげん、麸を加え、中火で5分ほど煮込む。
3 溶き卵を回しかけ、半熟状態になるように混ぜる。

栄養価の高い卵さえあれば、さまざまな料理のバリエーションが広がります。フライパンひとつで朝食にぴったりのおかずやボリューム満点のおかず、レンジ調理でふわふわのケランチムなども楽しめます。

残った卵白は「つまみがんも（P115）」で使っても！
エッグベネディクト風

20分 トースター + フライパン

材料（2人分）
卵…2個
ベーコン…2枚
玉ねぎ…½個
塩・こしょう…各少々
バゲット（スライス）…2枚
オリーブ油…適量
A 卵黄…1個分
　マヨネーズ…大さじ2
　牛乳…大さじ1
　塩・粗びき黒こしょう
　　…各少々
ベビーリーフ…適宜

作り方
1 玉ねぎは極薄切りにする。バゲットはオーブントースターで焼き、オリーブ油小さじ1をふる。
2 フライパンにオリーブ油小さじ1を熱し、中火でベーコンをカリッと焼きつけて取り出し、玉ねぎをうっすら焼き色がつくまで炒め、塩、こしょうで下味をつける。器にバゲット、ベーコン、玉ねぎを順にのせる。
3 2のフライパンにオリーブ油大さじ½を熱し、卵を割り入れ、強火で半熟の目玉焼きを作る。2の上にのせ、よく混ぜたAをかけ、好みでベビーリーフを添える。

フライパンのまま出しても！パンにもごはんにも◎
シュクシュカ

15分 フライパンひとつ

材料（2人分）
卵…2個
ベーコン…2枚
玉ねぎ…½個
ピーマン…2個
A クミンシード…小さじ1
　赤唐辛子（輪切り）
　　…½本分
B ホールトマト缶（水煮）…½缶
　塩…小さじ½
　粗びき黒こしょう…少々
塩…少々
オリーブ油…大さじ1

作り方
1 ベーコンは1㎝幅に切り、玉ねぎ、ピーマンは薄切りにする。
2 フライパンにオリーブ油とAを熱し、強めの中火で1を炒め、Bを加え、混ぜながら5分ほど煮詰める。
3 塩で味をととのえ、卵を割り入れ、蓋をして1分ほど煮込む。

韓国風蒸し卵料理はレンチンで簡単。あつあつをどうぞ！
ケランチム

15分 レンチンだけ

材料（2人分）
卵…3個
A しょうゆ…小さじ1
　酒…大さじ1
　鶏がらスープの素…大さじ1
　水…1カップ
ちくわ…1本
万能ねぎ…3本
削り節…2g

作り方
1 ちくわは極薄い輪切り、万能ねぎは小口切りにする。
2 ボウルに卵を溶きほぐし、Aを加えてよく混ぜる。
3 耐熱の器に1、2、削り節を入れてよく混ぜ、ラップをしないで電子レンジで7〜8分加熱する。

卵

冷凍 冷蔵 時短 かさまし

金鍋ひとつで
10分

すぐできる卵入りとろとろスープ

とろとろかきたまスープ

材料（2人分）

卵…2個
オクラ…5本
長ねぎ…¼本
A 鶏がらスープの素…大さじ1
　酒…大さじ2
　水…2カップ

作り方

1 オクラは塩適量（分量外）で板ずりしてヘタを落とし、長ねぎと一緒に5mm幅の小口切りにする。卵は溶きほぐす。
2 鍋にAを煮立て、オクラと長ねぎを加え、さらに煮立たせる。
3 溶き卵を細く流し入れ、ひと混ぜして火を通す。

調理のPoint

オクラのヘタとガクは包丁でぐるりとむくように切り取ります。溶き卵を入れてすぐ混ぜると細かく、少しおいてゆっくり混ぜると大きくふんわりした卵に仕上がります。

フライパンひとつで
10分

とろ〜り半熟卵をソース代わりにからめて

アスパラの卵ソース

材料（2人分）

卵…2個
アスパラガス
　…6〜10本（200g）
塩…小さじ⅓
粗びき黒こしょう…少々
オリーブ油…大さじ2
塩・粗びき黒こしょう…各適宜

作り方

1 アスパラは下半分の皮をピーラーで薄くむく。
2 フライパンにオリーブ油大さじ½を熱し、強めの中火でアスパラを焼きつけ、塩、粗びき黒こしょうをふり、器に取り出す。
3 2のフライパンに残りのオリーブ油を強めの中火で熱し、卵を割り入れ、半熟の目玉焼きを作り、アスパラにのせる。好みで塩、粗びき黒こしょう各少々をふる。

レンチンだけ！
10分

器のままレンチンしてそのまま食卓へ

ツナとねぎのキッシュ風

材料（2人分）

卵…2個
A 牛乳…¼カップ
　ピザ用チーズ…50g
　にんにく（すりおろし）
　　…小さじ½
　塩…小さじ⅓
　粗びき黒こしょう…少々
ツナ缶（オイル漬け）
　…小1缶（70g）
長ねぎ…½本
パセリ（みじん切り）…少々
バゲット…適宜

作り方

1 長ねぎは斜め薄切りにする。ツナ缶は油をきる。
2 ボウルに卵を溶きほぐし、A、1を加えてよく混ぜる。
3 耐熱の器に2を入れ、ラップをしないで電子レンジで4〜5分加熱し、パセリをふる。好みでバゲットを添える。

火がすぐ通る卵は、忙しい日でも手軽に作れるから、毎日のおかず作りに大活躍。だし巻き卵や信田煮などの定番和風おかずから、中華炒めや洋風のおかずまでアレンジしやすいのも魅力です。

卵
冷凍
冷蔵
時短
かさまし

巻かないだし巻きで卵をたっぷりと
おろしたっぷりだし巻き卵

材料（2人分）
卵…5個
A 削り節…3g
  みりん…大さじ3
  水…¼カップ
  塩…小さじ¼
ごま油…大さじ½
大根おろし・ポン酢しょうゆ
  …各適量

作り方
1 耐熱ボウルにAを入れ、ラップをして電子レンジで2分加熱して濾し、粗熱を取る。
2 ボウルに卵を溶きほぐし、1を加えて混ぜる。
3 フライパンにごま油を熱し、2を流し入れ、強めの中火でとろとろのスクランブルエッグ状態にし、弱火にして下が固まったら2つ折りにし、片面1分30秒ずつ焼く。巻きすで形を整えて5分ほどおく。器に盛り、大根おろしにポン酢をかけて添える。

買いおきの乾燥きくらげで簡単中華
卵ときくらげの中華炒め

材料（2人分）
卵…3個
きくらげ（乾燥）…8g
鶏がらスープの素…大さじ½
塩・粗びき黒こしょう…各少々
ごま油…大さじ1

作り方
1 きくらげはぬるま湯で戻し、食べやすい大きさに切る。卵は溶きほぐし、鶏がらスープの素小さじ½を加えてよく混ぜる。
2 フライパンにごま油を熱し、卵液を流し入れ、強めの中火で大きめに炒める。きくらげと残りの鶏がらスープの素、粗びき黒こしょうを加えてざっくりと炒める。塩で味をととのえる。

意外と簡単！だしが染みた油揚げが美味
信田煮

材料（2人分）
卵…4個
油揚げ…2枚
三つ葉…½束
A しょうゆ…大さじ½
  みりん…大さじ½
  削り節…3g
  塩…少々
  水…¾カップ

作り方
1 油揚げは半分に切って袋状にし、熱湯をかけて粗熱が取れたら水けを絞る。三つ葉は刻む。
2 油揚げに卵を割り入れ、三つ葉を加え、爪楊枝でとめる。
3 鍋にAを煮立て、2を入れ、落し蓋をしてから蓋をし、中火で8分ほど煮込む。

豆腐

豆腐は安くて低カロリー＆高たんぱくの食材。特売で豆腐をまとめ買いしたら、さまざまなおかずに使っておいしくいただきましょう。

下ごしらえ＆保存方法

電子レンジで水きり
崩してしっかり水きりする場合は、耐熱皿にペーパータオルを敷き、豆腐を崩してのせ、電子レンジで3分加熱し、粗熱が取れたら絞る。

保存容器に水をはって冷蔵庫へ
豆腐を買ってきたら、パックの水を捨て、保存容器に移して水をはって冷蔵保存。水を毎日替えると長持ちする。

冷蔵 **3**日

約350g×4丁分

冷蔵作りおき

豆腐とごぼうの肉みそ
→P114
冷蔵 **3**日 **2**丁

つまみがんも
→P115
冷蔵 **3**日 **2**丁

時短

スンドゥブチゲ
→P116
15分 **1**丁

豆腐とツナのチーズ焼き
→P117
25分 **1**丁

豆腐とかにのあんかけ
→P116
10分 **1**丁

豆腐のガリバタステーキ
→P117
15分 **1**丁

かさまし

豆腐とさばの和風バーグ
→P113
20分 **½**丁

豆腐団子とチンゲン菜のあんかけ→P113
15分 **½**丁

さばが苦手でも食べやすい!

豆腐とさばの和風バーグ

20分 レンチン + フライパン

材料 (2人分)

木綿豆腐…½丁(175g)
さば缶(水煮)
　…1缶(190gうち固形140g)
水菜…2株
A パン粉…⅓カップ
　 万能ねぎ(小口切り)…5本分

B しょうゆ…大さじ1
　 みりん…大さじ1
　 水…大さじ1
サラダ油…大さじ½

作り方

1 豆腐はペーパータオルに包んで崩し、耐熱皿にのせ、電子レンジで3分加熱し、粗熱が取れたらさらに崩しながらしっかり水けを絞る。さば缶は水けをしっかりきる。水菜は5cm長さに切り、水にさらして水けをきり、冷蔵庫で冷やす。

2 ボウルに1の豆腐とさば缶、Aを入れて揉み込み、2等分して1.5cm厚さの楕円形に成形する。

3 フライパンにサラダ油を熱し、強めの中火で2を焼き色がつくまで焼く。ひっくり返して蓋をし、弱火で3〜4分焼き、Bを加え、ハンバーグにからめながら煮立たせる。器に盛り、水菜を添える。

※豆腐の水きりは約175gの豆腐が約100gになるくらいを目安に。

右端タブ: 豆腐 / 冷凍 / 冷蔵 / 時短 / かさまし

15分 レンチンだけ

ふんわり団子をレンチンで!

豆腐団子とチンゲン菜のあんかけ

材料 (2人分)

木綿豆腐…½丁(175g)
チンゲン菜…1株
A 鶏ひき肉…100g
　 小町麩(細かく崩す)…15g
　 削り節…3g
　 しょうゆ…大さじ1

B しょうゆ…大さじ1
　 みりん　大さじ1
　 酒…大さじ3
　 片栗粉…大さじ⅔

作り方

1 豆腐はペーパータオルに包んで崩し、耐熱皿にのせレンジで3分加熱し、粗熱が取れたらさらに崩しながらしっかり水けを絞る。チンゲン菜は茎と葉を切り分け、茎は縦6等分に切る。

2 ボウルに1の豆腐、Aを入れてよくこね、6等分に丸める。

3 耐熱皿によく混ぜたBを広げ、2をくっつかないように並べ、チンゲン菜をのせ、軽くラップをして電子レンジで5分加熱し、全体をからめる。

冷蔵 **3**日 / **20**分

冷蔵 **3**日 / **20**分

たんぱく質も野菜もとれる作りおき レンチン + フライパン
炒り豆腐

材料（4人分）

木綿豆腐…2丁(700g)	A 削り節…6g
鶏ひき肉…200g	しょうゆ…大さじ2
卵…3個	みりん…大さじ1
にんじん…½本	塩…小さじ½
さやいんげん…6本(50g)	サラダ油…大さじ1
きくらげ(乾燥)…5g	

作り方

1 にんじんは短冊切り、きくらげはぬるま湯で戻して細切り、いんげんは斜め薄切りにする。豆腐は耐熱皿にのせて粗めに崩し、ラップをしないで電子レンジで5分加熱し、粗熱が取れたらペーパータオルに包み、水分をしっかり絞る。

2 フライパンにサラダ油を熱し、強めの中火でひき肉を炒め、色が変わったらにんじん、いんげん、きくらげを炒め、1の豆腐、Aを加え、水分を飛ばすように7〜8分炒める。

3 2に溶いた卵を回し入れ、卵が固まるまで炒める。

Memo ごはんにのせて丼にしてもおいしい。

ピリッと辛い、甘くないヘルシー肉みそ レンチン + フライパン
豆腐とごぼうの肉みそ

材料（4人分）

木綿豆腐…2丁(700g)	オイスターソース…大さじ2
ごぼう…1本	ごま油…大さじ1
鶏ひき肉…200g	
みそ…大さじ2	
赤唐辛子(輪切り)…½本分	

作り方

1 豆腐は耐熱皿にのせて粗めに崩し、ラップをしないで電子レンジで5分加熱し、粗熱が取れたらペーパータオルに包み、水分をしっかり絞る。ごぼうは極薄い輪切りにし、水にさらしてアクを抜き、水けをきる。

2 フライパンにごま油と赤唐辛子を熱し、ひき肉を強めの中火で炒め、色が変わったらごぼうを加え、1分ほど炒める。1の豆腐、みそ、オイスターソースを加え、水分を飛ばすように7〜8分炒める。

Memo おにぎりの具にしたり、ごはんにのせて食べても◎。

豆腐は炒める、揚げるなどしてなるべく水分を飛ばすのがポイント。肉豆腐は水分の少ない焼き豆腐を使えば、作りおきしてもおいしく食べられます。

豆腐

冷凍

冷蔵

時短

かさまし

冷蔵 **3**日　**20**分

冷蔵 **3**日　**20**分

外はサクッと中はふわっと
つまみがんも

レンチン ＋ フライパン

材料（4人分）
- **木綿豆腐…2丁(700g)**
- にんじん…¼本
- きくらげ（乾燥）…3g
- さやいんげん…2本(20g)
- 片栗粉…大さじ2
- 卵白…1個分

- 塩…小さじ¼
- **A** しょうゆ…大さじ1
  - 砂糖…大さじ1
  - 削り節…2g
- 揚げ油…適量

作り方
1 きくらげはぬるま湯で戻してにんじんとともに細いせん切り、いんげんは斜め薄切りにする。耐熱ボウルに**A**と一緒に入れて混ぜ、軽くラップをして電子レンジで5分加熱し、粗熱を取る。
2 豆腐は耐熱皿にのせて粗めに崩し、ラップをしないで電子レンジで3分加熱し、粗熱が取れたらペーパータオルに包み、水分をしっかり絞る。
3 ボウルに片栗粉、卵白を入れてよく混ぜ、**2**、汁けをきった**1**、塩を入れ、手で揉み込むように豆腐がなめらかになるまで混ぜる。1cm厚さ、直径4cmの丸形に成形する。
4 フライパンに揚げ油を1cm入れて180℃に熱し、片面4〜5分ずつ揚げ、バットに立てかけるように油をきる。

作りおきで味もしっかり染み込む
肉豆腐

鍋ひとつで

材料（4人分）
- **焼き豆腐…2丁(700g)**
- 牛切り落とし肉…300g
- 長ねぎ…2本
- えのきだけ…2袋(200g)
- **A** しょうゆ…大さじ4
  - 削り節…6g

- みりん…大さじ3
- 砂糖…大さじ3
- 水…½カップ
- サラダ油…大さじ½

作り方
1 焼き豆腐はザルにのせて水けをきり、6等分に切る。長ねぎは2cm幅の斜め切りにし、青い部分と白い部分を分ける。えのきは石づきを落とし、ほぐす。
2 鍋にサラダ油を熱し、中火で牛肉、長ねぎの青い部分を炒め、牛肉の色が変わったら**A**を加える。煮立ったら焼き豆腐、長ねぎの白い部分、えのきを加える。再び煮立ったら落とし蓋をしてから蓋をし、中火で10分ほど煮込む。

調理のPoint
長ねぎの青い部分は先に炒めて香りを引き出し、白い部分は後から入れて甘さを楽しみます。

レンチン + フライパン 15分

絹ごし豆腐でふんわり。揚げないさつま揚げ

ふわふわ豆腐とコーンのさつま揚げ

材料（2人分）

絹ごし豆腐…½丁（175g）
はんぺん…1枚
コーンホール缶…100g
片栗粉…大さじ2
しょうが（すりおろし）
　…小さじ½
ごま油…大さじ2

作り方

1 豆腐はペーパータオルに包んで崩しながら水けをきり、ポリ袋に入れる。はんぺん、しょうが、片栗粉を加え、はんぺんをつぶしながらよく混ぜ、6等分にして平らに丸め、水けをきったコーンをまわりに密着させる。

2 フライパンにごま油を熱し、1を中火で焼き色がつくまで焼き、ひっくり返して蓋をし、3分ほど焼く。

レンチンだけ 15分

あさり缶の旨味が効いてるレンチンチゲ

スンドゥブチゲ

材料（2人分）

木綿豆腐…1丁（350g）
あさり缶（水煮）
　…1缶（155gうち固形130g）
にら…½束
卵…1個
A コチュジャン…大さじ2〜3
　鶏がらスープの素…小さじ1
　みそ…大さじ1
　酒…大さじ2
　水…¾カップ
ごま油…小さじ1
白すりごま…大さじ1

作り方

1 豆腐はザルにあげて、水けをきる。にらは4cm長さに切る。

2 耐熱の器にAを入れてよく混ぜ、1の豆腐、あさり缶を汁ごと加え、軽くラップをして電子レンジで8分加熱する。

3 2ににらを入れ、中心に卵を割り入れ、破裂するのを防ぐため、爪楊枝で黄身に2か所穴をあける。軽くラップをして電子レンジで2分加熱し、ごま油、白すりごまをかける。

レンチンだけ 10分

水きりもあんかけもレンジで簡単

豆腐とかにのあんかけ

材料（2人分）

絹ごし豆腐…1丁（350g）
かに風味かまぼこ…50g
絹さや…6枚
A しょうが（すりおろし）
　…小さじ½
　鶏がらスープの素…小さじ1
　片栗粉…大さじ½
　酒…大さじ1
　水…¾カップ

作り方

1 かにかまは粗めにほぐす。絹さやはヘタと筋を取り除き、斜め薄切りにする。

2 耐熱の器に豆腐を入れ、ラップをしないで電子レンジで3分加熱し、水けをきる。

3 耐熱ボウルに1とAを入れてよく混ぜ、軽くラップをして電子レンジで3分加熱し、よく混ぜ、2にかける。

豆腐は汁物や副菜だけでなく、メインのおかずにもぴったり。豆腐を使って、鍋やあんかけはもちろん、ステーキやチーズ焼きなど洋風のおかずにすれば、満足感も◎です。

豆腐

冷凍

冷蔵

時短

かさまし

豆腐で見栄えのいい簡単おつまみ
豆腐と青じそのジョン

15分　フライパンひとつ

材料（2人分）
木綿豆腐…1丁（350g）
塩…小さじ1
青じそ…2枚
小麦粉…大さじ2
溶き卵…1個分
ごま油…大さじ2
A コチュジャン…大さじ1
　酢…大さじ1
　白すりごま…大さじ1
　しょうゆ…大さじ½

作り方
1 豆腐は重しをのせて厚さが⅔くらいになるまで水きりしてから半分の厚さに切り、4等分に切る。塩をふり、5分ほどおき、ペーパータオルに包み、水けをしっかりきる。4等分に切った青じそをのせ、小麦粉をまぶす。
2 フライパンにごま油を熱し、溶き卵にくぐらせた1を中火で焼き色がつくまで焼き、ひっくり返してさらに2分ほど焼く。
3 器に盛り、よく混ぜたAを添える。

ツナとマヨネーズで濃厚な味わい
豆腐とツナのチーズ焼き

25分　レンチン＋トースター

材料（2人分）
木綿豆腐…1丁（350g）
ツナ缶（オイル漬け）
　…大1缶（140g）
ブロッコリー…½株（100g）
ピザ用チーズ…50g
マヨネーズ…大さじ2くらい
パン粉…大さじ1
塩・こしょう…各少々

作り方
1 豆腐はザルにのせて水けをきって半分の厚さに切り、2cm角くらいに切る。ブロッコリーは食べやすい大きさに切る。ツナ缶は油をしっかりきる。
2 耐熱の器に1の豆腐、ブロッコリーを入れ、軽くラップをして電子レンジで5分加熱し、粗熱が取れたら水けをきる。ツナを散らし、マヨネーズを回しかけ、チーズ、パン粉の順にのせ、オーブントースターでパン粉にうっすら焼き色がつくまで7〜8分焼く。

ガーリック＆バターで豆腐でも満足ステーキ
豆腐のガリバタステーキ

15分　フライパンひとつ

材料（2人分）
木綿豆腐…1丁（350g）
粗びき黒こしょう…少々
小麦粉…大さじ2
ピーマン…3個
A しょうゆ…大さじ2
　砂糖…大さじ2
　にんにく（すりおろし）
　　…小さじ1
　酒…大さじ1
バター…20g

作り方
1 豆腐は横半分に切り、さらに半分の厚さに切る。ペーパータオルで水けをしっかり押さえ、粗びき黒こしょう、小麦粉をまぶす。ピーマンは縦半分に切って種を取り除く。Aは混ぜ合わせておく。
2 フライパンにバターを熱し、中火で1の豆腐とピーマンを焼き色がつくまで焼き、ひっくり返してさらに2〜3分焼く。Aを加え、からめる。

厚揚げ&油揚げ

厚揚げ&油揚げは、植物性食品でありながら、コクがあって旨味もたっぷり。安く大量買いしたら、上手に保存しましょう。

下ごしらえ&保存方法

ペーパータオルで油を押さえる
ペーパータオルで油を押さえると、味が染み込みやすくなる。しっかり油抜きをしたい場合はゆでると◎。

使いやすい形に切って冷凍する
短冊切りなど、使いやすい形に切ってから冷凍用保存袋に入れ、冷凍する。

冷凍 **3週間**

厚揚げ約4枚分、油揚げ約7枚分

冷蔵作りおき

厚揚げとパプリカのコチュジャン炒め→P120
冷蔵 **3日** **2枚**

厚揚げと大根の煮物→P121
冷蔵 **3日** **2枚**

時短

サクサク油揚げの和風サラダ→P122
10分 **1枚**

油揚げのパリパリつくねロール→P122
10分 **2枚**

厚揚げといんげんのピーナッツ和え→P123
10分 **1枚**

厚揚げのナポリタン風炒め→P123
10分 **1枚**

かさまし

豚バラと厚揚げの肉巻き→P119
15分 **1枚**

厚揚げと玉ねぎの酢豚→P119
10分 **1枚**

かさましRecipe

厚揚げは、ボリュームもコクもあるから、肉料理のかさましにおすすめ。
肉で巻いたり、肉と一緒に炒めたりすると満足感がアップします。

濃厚な味つけがカリッと焼いた豚バラに合う

豚バラと厚揚げの肉巻き

15分 フライパンひとつ

材料（2人分）

厚揚げ…1枚（200g）
豚バラ薄切り肉…6枚
A 白すりごま…大さじ1
　にんにく（すりおろし）…小さじ1
　みそ…大さじ1½
　砂糖…大さじ1
　みりん…大さじ1
小麦粉…大さじ1
ごま油…小さじ1

作り方

1 厚揚げはペーパータオルで油をしっかり押さえ、横6等分に切る。
2 豚肉を広げ、片面によく混ぜた**A**を塗り、厚揚げのせて巻きつけ、小麦粉をまぶす。
3 フライパンにごま油を熱し、中火で2をとじめから焼く。ひっくり返しながら全面焼き色がつくまで焼き、弱めの中火で蓋をして3分ほど焼く。

10分 フライパンひとつ

かさまし厚揚げでしっかり満足感

厚揚げと玉ねぎの酢豚

材料（2人分）

厚揚げ…1枚（200g）　　しょうゆ…大さじ½
豚切り落とし肉…100g　　鶏がらスープの素
片栗粉…大さじ½　　　　　　…小さじ1
玉ねぎ…1個　　　　　　　砂糖…小さじ1
A 酢…大さじ1　　　　　サラダ油…大さじ1
　トマトケチャップ
　…大さじ2

作り方

1 厚揚げはペーパータオルで油をしっかり押さえ、縦半分、横8等分に切る。豚肉は一口大に切り、厚揚げと一緒に片栗粉をまぶす。玉ねぎは8等分のくし形切りにする。**A**は混ぜ合わせておく。
2 フライパンにサラダ油を熱し、強めの中火で厚揚げ、豚肉を焼き色がつくまで炒め、玉ねぎを加え、全体に油が回ったら、**A**を加え、とろみがつくまで炒める。

冷蔵 3日 ⏱10分

冷蔵 3日 ⏱10分

ドライバジルの風味がさわやか

エスニック風厚揚げの そぼろ炒め

フライパンひとつ

材料（4人分）
厚揚げ…2枚(400g)
豚ひき肉…200g
ドライバジル…小さじ1
赤唐辛子（輪切り）…1本分
A ナンプラー…大さじ1½
　 砂糖…大さじ1
　 にんにく（すりおろし）…小さじ1
サラダ油…小さじ1

作り方
1 厚揚げはペーパータオルで油をしっかり押さえ、1㎝角に切る。
2 フライパンにサラダ油を熱し、強めの中火でひき肉、赤唐辛子、バジルを炒め、肉の色が変わったら1、Aを加え、水分を飛ばすように4〜5分炒める。

Memo ごはんにのせてガパオライス風に。パプリカやバジルを足して炒め直し、目玉焼きをプラスしても◎。

カリッとした厚揚げにコチュジャンが効いて激うま

厚揚げとパプリカの コチュジャン炒め

フライパンひとつ

材料（4人分）
厚揚げ…2枚(400g)
赤パプリカ…1個
黄パプリカ…1個
片栗粉…大さじ½
A コチュジャン…大さじ2
　 オイスターソース…大さじ1
　 にんにく（すりおろし）…小さじ1
ごま油…大さじ½

作り方
1 厚揚げはペーパータオルで油をしっかり押さえ、1枚を18等分のさいの目に切る。パプリカは一口大の乱切りにする。両方に片栗粉をまぶす。
2 フライパンにごま油を熱し、強めの中火で厚揚げをうっすら焼き色がつくまで炒め、パプリカ、Aを加え、全体にからめるように1〜2分炒める。

調理のPoint
パプリカは2色使うとカラフルですが、1色でもOK！ パプリカや厚揚げに片栗粉をまぶすことで水分が出にくくなります。

厚揚げにはコクがあるので、野菜と一緒に炒め物や煮物をたっぷり作って。肉と一緒に炒めるとさらに満足感の高いおかずが作れます。

冷蔵 3日 15分

冷蔵 3日 10分

厚揚げと削り節の旨味で大根がしみじみおいしい　鍋ひとつで

厚揚げと大根の煮物

材料 (4人分)

厚揚げ…2枚(400g)
大根…½本(400g)
A しょうゆ…大さじ3
　みりん…大さじ2
　砂糖…大さじ2
　しょうが(すりおろし)…小さじ1
　削り節…6g
　水…1½カップ

作り方

1 厚揚げはペーパータオルで油をしっかり押さえ、縦2等分にして横8等分に切る。大根はスライサーで薄切りにする。

2 鍋に1、Aを入れて火にかけ、煮立ったら落とし蓋をしてから蓋をし、弱めの中火で10分ほど煮込み、ざっくりと混ぜ、そのまま5分ほどおく。

調理のPoint
大根の薄切りはスライサーを使うと簡単にできます。

しっかり辛くてごはんが進む!　フライパンひとつで

厚揚げとピーマンの ピリ辛炒め

材料 (4人分)

厚揚げ…2枚(400g)
合いびき肉…150g
ピーマン…5個
A 甜麺醤…大さじ3
　豆板醤…大さじ1
B 鶏がらスープの素…大さじ½
　片栗粉…大さじ½
　水…½カップ

作り方

1 厚揚げはペーパータオルで油をしっかり押さえ、1枚を18等分のさいの目に切る。ピーマンは一口大の乱切りにする。

2 フライパンにひき肉、Aを入れて中火で熱し、香りが出たら厚揚げを加えて全体にからめ、B、ピーマンを加えて強めの中火でとろみがつくまで煮詰める。

調理のPoint
辛いのが苦手な方は豆板醤の量を減らすと食べやすくなります。

フライパンひとつで 15分

フライパンでかりっと焼くだけ! 山椒の風味がアクセント

厚揚げとじゃこのカリカリ焼き

材料 (2人分)
厚揚げ…1枚(200g)
ちりめんじゃこ…10g
小麦粉…大さじ½
赤唐辛子(輪切り)…½本分
塩…小さじ⅓
粉山椒…少々
サラダ油…大さじ1

作り方
1 厚揚げはペーパータオルで油をしっかり押さえ、12等分のさいの目に切り、小麦粉を薄くまぶす。
2 フライパンにサラダ油と赤唐辛子を熱し、中火で厚揚げとじゃこをカリカリになるまで4〜5分、転がしながら焼き、塩、粉山椒を加え、全体を和えるように炒める。

レンチンだけ 10分

レンチンでサクサク油揚げのできあがり

サクサク油揚げの和風サラダ

材料 (2人分)
油揚げ…1枚
水菜…½袋
大根…⅛本(160g)
A ポン酢しょうゆ…大さじ2
　ごま油…大さじ1
　削り節…3g
　白すりごま…大さじ½
　水…大さじ1

作り方
1 大根はスライサーなどで細いせん切りにし、5cm長さに切った水菜と一緒に水にさらし、しっかり水けをきり、冷蔵庫で冷やす。
2 油揚げはペーパータオルで油をしっかり押さえ、縦半分に切り、横7mm幅に切る。耐熱皿にペーパータオルを敷き、油揚げをのせ、ラップをしないで電子レンジで3分加熱する。
3 器に1を盛り、2をのせ、よく混ぜたAを添える。

フライパンひとつで 10分

ねぎみそ味のつくねを香ばしい油揚げが包む

油揚げのパリパリつくねロール

材料 (2人分)
油揚げ…2枚
A 鶏ひき肉…150g
　長ねぎ(粗みじん切り)
　　…½本分
　片栗粉…大さじ1
　みそ…小さじ2
　白いりごま…大さじ½
片栗粉…小さじ2
ごま油…大さじ½

作り方
1 油揚げは開く。よく混ぜたAを広げ、片栗粉小さじ1をふり、くるくると巻く。同様にもう1本作る。
2 フライパンにごま油を熱し、1をとじめから全面焼きつけ、蓋をして途中転がしながら弱めの中火で5分ほど焼き、4等分に切る。

Memo みそやごま油の風味でそのままでもおいしく召し上がれますが、好みでしょうゆをかけても◎。

厚揚げや油揚を使って作る簡単おつまみやサラダ、メインのおかずをご紹介。油揚を春巻き・餃子の皮代わりに使えば、低糖質で食べごたえのあるおかずが作れます。

10分　レンチンだけ

ピーナッツの食感が◎。濃厚な旨さ

厚揚げといんげんのピーナッツ和え

材料（2人分）

厚揚げ…1枚(200g)
さやいんげん
　…10〜12本(100g)
A ピーナッツバター（チャ
　ンクタイプ）…大さじ3
　ナンプラー…大さじ½
　はちみつ…大さじ½

作り方

1 厚揚げはペーパータオルで油を
　しっかり押さえ、12等分のさい
　の目に切る。いんげんはヘタを落
　とし、3等分に切る。

2 耐熱ボウルに1を入れ、軽くラッ
　プをして電子レンジで4分加熱し、
　Aを加えて混ぜる。

Memo レシピでは加糖のチャンクタイプ（粒入り）のピーナッツバ
ターを使っていますが、無糖タイプを使う場合は、はちみつ
の量を調整して好みの甘さにしてください。

10分　フライパンひとつ

肉代わりの厚揚げにみそがよく合う

厚揚げとキャベツのみそ炒め

材料（2人分）

厚揚げ…1枚(200g)
片栗粉…大さじ½
キャベツ…¼個(250g)
長ねぎ…½本
赤唐辛子（輪切り）…½本分
A みそ…大さじ1 ½
　砂糖…大さじ½
　しょうが（すりおろし）
　　…小さじ½
　酒…大さじ1
サラダ油…大さじ½

作り方

1 厚揚げはペーパータオルで油を
　しっかり押さえ、横半分にして縦
　4等分に切り、片栗粉をまぶす。
　キャベツは大きめにちぎり、芯は
　薄切りにする。長ねぎは斜め薄切
　りにする。Aは混ぜ合わせておく。

2 フライパンにサラダ油と赤唐辛子
　を熱し、中火で長ねぎと厚揚げを
　焼き色がつくまで焼き、キャベツ
　を加え、全体に油が回ったら、A
　を加え、強火でからめるように炒
　める。

10分　フライパンひとつ

しっかり味でお弁当にもぴったり

厚揚げのナポリタン風炒め

材料（2人分）

厚揚げ…1枚(200g)
ベーコン…2枚
ピーマン…2個
玉ねぎ…¼個
A にんにく（すりおろし）
　　…小さじ1
　トマトケチャップ…大さじ4
　中濃ソース…大さじ2
バター…10g

作り方

1 厚揚げはペーパータオルで油を
　しっかり押さえ、12等分のさい
　の目に切る。ベーコンは1.5cm幅
　に切り、玉ねぎ、ピーマンは細い
　せん切りにする。

2 フライパンにバターとベーコンを
　熱し、中火で厚揚げを2分ほど炒
　め、玉ねぎ、ピーマン、Aを加え
　て全体にからめながら炒める。

冷蔵作りおき＋時短レシピで

大満足の献立作り❷

本書で紹介している冷蔵作りおき、時短レシピを活用して、毎日の食事作りをもっとラクに楽しみましょう。お弁当作りやテレワークのランチにも、手軽に作れておすすめです。

テレワークのランチは、冷蔵作りおきと時短メニューですぐできる!

ごぼうの和風ドライカレーを週末などに作りおきしておけば、平日のテレワークランチも簡単。これに時短メニューの具だくさんスープを組み合わせれば、栄養バランスも整います。スープをさらに時短にしたいなら、前日に野菜を切っておく、材料を用意しておくと当日の調理がもっとラクに。ドライカレーはレンチンして温かいごはんにのせて召し上がれ。

Menu

冷蔵作りおき	ごぼうの和風ドライカレー→P75
時短	白菜のクラムチャウダー→P169
主食	白ごはん

毎日のお弁当作りも時短レシピ＆作りおきであっという間!

週末に安売りの卵をまとめ買いしたら、作っておきたいのが味玉。味玉は、朝ごはんのおかずやお酒のおつまみにもぴったりですが、お弁当にも便利。ゆで卵を半分に切ってお弁当に詰めれば、黄身と白身の彩りでパッと華やぐお弁当に。肉のおかずや野菜のおかずは、時短メニューでパパッと準備を。粗熱をしっかり取ってから、バランスよく詰めましょう。

Menu

時短	豚テリ→P64
冷蔵作りおき	味玉→P107
時短	ピーマンとじゃこの塩きんぴら→P157
主食	白ごはん+黒いりごま

無駄なく、
おいしく

野菜を
まとめ買いしたときの
上手な保存方法&
使い切りレシピ

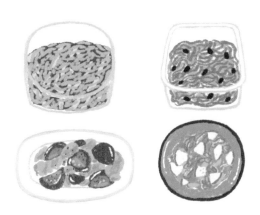

野菜を特売で安く、大量に購入しても、
同じような料理ばかりになったり、結局使わないで
残ってしまったりというがっかりが解消される
簡単作りおきや時短レシピを紹介します。

もやし

安価なもやしは家計の味方。その
うえ、低糖質で、ビタミンC豊富
なヘルシー食材です。傷みやすい
ので早めに使い切って。

下ごしらえ&保存方法

**保存容器に入れて
水を毎日替える**

冷蔵 **5日**

使う分以外は保存容器
に入れてかぶるくらい
の水に浸し、毎日水を
替えると2〜3日の消
費期限が4〜5日もつ。

冷凍保存する

冷凍 **3週間**

購入した日にさっと
洗って水けをきり、
冷凍用保存袋に入れ、
冷凍する。凍ったま
ま汁物やスープ、煮
物に使う。

約5袋(1kg)分

冷蔵作りおき

もやしと
じゃこのナムル
→P127

冷蔵 **4日** 2袋

もやしと
メンマの和え物
→P127

冷蔵 **4日** 2袋

時短

もやしとコーンの
カレー炒め
→P128

10分 1袋

もやしの
バインセオ風
→P129

15分 1袋

もやしたっぷり
ねぎダレバーグ
→P128

15分 1袋

もやしとさばの
みそ炒め
→P129

10分 1袋

冷蔵作りおきRecipe

もやし2袋を一度に使って、和え物や炒め物をたっぷり作りましょう。
朝食やおつまみの一品にぴったりです。お弁当に入れても喜ばれます。

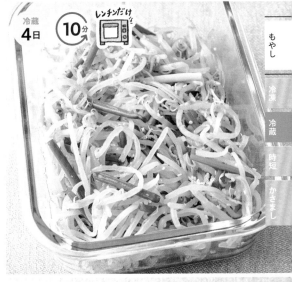

冷蔵 4日　10分　レンチンだけ

ちりめんじゃこの塩気が効いてる

もやしとじゃこのナムル

材料（4人分）

もやし…2袋(400g)
ちりめんじゃこ…20g
万能ねぎ…5本
A ごま油…大さじ½
　にんにく(すりおろし)
　…小さじ1
B 塩…小さじ½
　白いりごま…大さじ½

作り方

1 小さめの耐熱ボウルにちりめんじゃこ、**A**を入れて混ぜ、ラップをしないで電子レンジで40秒加熱する。
2 万能ねぎは4cm長さに切る。
3 もやしを大きめの耐熱ボウルに入れ、軽くラップをして電子レンジで5分加熱し、そのまま1分ほどおき、ペーパータオルで水分を押さえる。1、2、**B**を加え、よく混ぜる。

代わりの食材
ちりめんじゃこを桜えびに代えても、おいしくできます。

冷蔵 3日　10分　フライパンひとつ

豆板醤がピリッと辛い。おかずにもお弁当にも

もやしとひき肉のピリ辛炒め

材料（4人分）

もやし…2袋(400g)
豚ひき肉…150g
A 豆板醤…大さじ½
　みそ…大さじ1
　オイスターソース
　…大さじ1
塩・粗びき黒こしょう…各少々
サラダ油…大さじ1

作り方

1 フライパンにサラダ油を熱し、中火で**A**を香りが出るまで炒め、ひき肉を加えて色が変わるまで炒める。
2 もやしを加え、強火で水分を飛ばすように3分ほど炒め、塩、粗びき黒こしょうで味をととのえる。

Memo ラーメンの具としてのせても、湯に鶏がらスープを溶いたところに入れて中華スープにしても◎。

冷蔵 4日　10分　レンチンだけ

もやしをレンチンしてあとは和えるだけ

もやしとメンマの和え物

材料（4人分）

もやし…2袋(400g)
メンマ…1瓶(100g)
白いりごま…大さじ1
塩…小さじ½
こしょう…少々
ごま油…大さじ1

作り方

1 もやしは大きめの耐熱ボウルに入れ、軽くラップをして電子レンジで4分加熱し、ペーパータオルで水分をしっかり押さえる。
2 残りの材料を加えて混ぜる。

調理のPoint
メンマの塩気に合わせて調味料の量を調整してください。

もやし

冷凍

冷蔵

時短

かさまし

10分
フライパンひとつで

火の通りが早い食材をさっと炒めるだけ

もやしとコーンのカレー炒め

材料（2人分）
もやし…1袋(200g)
コーンホール缶…100g
ウインナーソーセージ
…1袋(100g)
A カレー粉…小さじ1
中濃ソース…大さじ2
塩…小さじ½
こしょう…少々
バター…10g

作り方
1 ウインナーは斜め薄切りにする。コーン缶は汁けをきる。
2 フライパンにバターとウインナーを熱し、コーン、もやしを加えて強めの中火で炒める。もやしがしんなりしたらAを加え、水分を飛ばすように炒める。

15分
レンチン ＋ フライパン

もやしでかさまし。シャキシャキ食感も◎

もやしたっぷりねぎダレバーグ

材料（2人分）
もやし…1袋(200g)
豚ひき肉…200g
A 片栗粉…大さじ1½
粉山椒…小さじ½
塩…小さじ⅓
B 長ねぎ(小口切り)…½本分
しょうゆ…大さじ1
砂糖…大さじ1
サラダ油…大さじ½

作り方
1 もやしは耐熱ボウルに入れ、軽くラップをして電子レンジで3分加熱し、粗熱が取れたら水けを絞る。
2 ボウルに1、ひき肉、Aを入れてよくこね、2等分の平らな丸形に成形する。
3 フライパンにサラダ油を熱し、強めの中火で2の片面を焼く。焼き色がついたらひっくり返し、蓋をして弱めの中火で5分ほど焼き、Bを加えてからめる。

10分
フライパンひとつで

さっと炒めてごはんにもお酒にも合うおかず

もやしとにらのひき肉炒め

材料（2人分）
もやし…1袋(200g)
にら…½束
合いびき肉…100g
A にんにく(すりおろし)
…小さじ1
塩…小さじ½
粗びき黒こしょう…少々
ごま油…小さじ1

作り方
1 にらは5cm長さに切る。
2 フライパンにごま油を熱し、中火でひき肉を炒め、色が変わったらもやしを加え、2分ほど炒める。
3 A、にらを加え、全体にからめるように炒める。

もやし1袋を使ったスピードメニューをご紹介。かさましにもなり、腹持ちもよく、満足感が高いのもポイント。
すぐにしんなりしてしまうので、火を通しすぎないのがコツです。

もやしたっぷりベトナム風お好み焼き

もやしのバインセオ風

材料（2人分）
もやし…1袋(200g)
桜えび（乾燥）…5g
塩…小さじ¼
こしょう…少々
A 卵…3個
ナンプラー…小さじ⅔
水溶き片栗粉…片栗粉
大さじ1＋水大さじ1
サラダ油…大さじ1½
B ナンプラー…大さじ1
赤唐辛子（輪切り）
…½本分
はちみつ…大さじ1½
酢…大さじ½
水…大さじ1
パクチー…適宜

作り方
1 Aはよく溶いておく。Bは耐熱ボウルに入れ、ラップをしないで電子レンジで1分加熱する。
2 フライパンにサラダ油大さじ½と桜えびを熱し、もやしを加え、塩、こしょうをふって強めの中火でさっと炒めて取り出す。
3 同じフライパンにサラダ油大さじ1を熱し、強火でAを流し入れてさっと混ぜ広げ、底に焼き色がついたら、2をのせて2つ折りにする。
4 器に盛り、好みでパクチーをのせ、Bを添える。

バターピーナッツが味のアクセント

もやしとベーコンとピーナッツのガーリック炒め

材料（2人分）
もやし…1袋(200g)
ベーコン…3枚(50g)
バターピーナッツ…30g
にんにく（すりおろし）
…小さじ1
しょうゆ…大さじ1
バター…15g
パセリ（みじん切り）…適宜

作り方
1 ベーコンは2cm幅に切る。
2 フライパンにバターとピーナッツ、ベーコンを熱し、もやし、にんにくを加えて中火で炒める。全体に脂が回ったら、しょうゆを回しかけて強火でさっと炒め、好みでパセリを加える。

買いおきさば缶で手軽にボリュームアップ

もやしとさばのみそ炒め

材料（2人分）
もやし…1袋(200g)
さば缶（水煮）
…1缶(190gうち固形140g)
長ねぎ…½本
A みそ…大さじ1½
しょうが（すりおろし）
…小さじ1
砂糖…大さじ1
ごま油…大さじ1
七味唐辛子…少々

作り方
1 長ねぎは斜め薄切りにする。さば缶は水けをきる。
2 フライパンにごま油と長ねぎを熱し、中火でさばを粗めに崩しながら焼きつける。焼き色がついたら、もやし、Aを加え、強火でさっとからめるように炒める。
3 器に盛り、七味唐辛子をふる。

きのこ

一年中安価に入手でき、低カロリー＆食物繊維が豊富なきのこも、まとめ買いがおすすめ。ほぐして冷凍保存すれば、旨味アップで長持ち。

野菜室で保存

冷蔵 **4**日

ペーパータオルに包んで保存袋に入れ、冷蔵庫の野菜室へ。ペーパータオルが適度に水分を取り、乾燥や冷気から守る。

使いやすい状態にして冷凍

冷凍 **3**週間

石づきを落とし、ほぐしたり、使いやすい形に切ったりしてから冷凍用保存袋に入れ、冷凍する。

まいたけ、えのきだけ、エリンギ、しめじ、しいたけ合計約550g

冷蔵作りおき

えのきとしらたきのたらこ和え
→P131

 冷蔵 **2**日 **3**袋

しいたけとこんにゃくの甘辛炒め
→P131

 冷蔵 **4**日 **2**パック

時短

しめじとウインナーのフラン→P132

 15分 **1**パック

きのこたっぷりいも煮
→P133

 15分 **1½**パック

えのきとにらのふんわりつくね→P132

 10分 **1**袋

きのこと鮭のクリームシチュー→P133

 15分 **2**パック

冷蔵作りおきRecipe

きのこを毎日食事に取り入れたいときは、冷蔵作りおきがおすすめ。まとめて作って、献立の一品に添えたり、お弁当のおかずやおつまみにしたりと大活躍。

きのこ 冷凍 冷蔵 時短 かさまし

たらこにしっかり火を通して、お弁当にも◎

えのきとしらたきのたらこ和え

冷蔵 2日　10分　フライパンひとつで

材料（4人分）
えのきだけ…3袋(300g)
しらたき(アク抜き)
　…1袋(180g)
万能ねぎ…3本
A たらこ(ほぐす)
　　…1腹分(70g)
　赤唐辛子(輪切り)…1本分
　しょうゆ…小さじ1
　ごま油…大さじ1
　白いりごま…大さじ1
塩…少々

作り方
1 えのきは石づきを落とし、細かくほぐす。しらたきは水けをきり、ざく切りにする。万能ねぎは小口切りにする。Aは混ぜ合わせておく。
2 フライパンにしらたき、えのきを入れて中火でから炒りする。Aを加え、たらこに火が通るまで炒める。塩で味をととのえ、万能ねぎを加えて混ぜる。

作っておけば、つけ合わせやお酒のおつまみに大活躍

きのこのマリネ

冷蔵 4日　10分　フライパンひとつで

材料（4人分）
しめじ…2パック(200g)
エリンギ…2パック(200g)
しいたけ…1パック(150g)
レモン…½個
A にんにく(すりおろし)
　　…小さじ1
　塩…小さじ½
粗びき黒こしょう…少々
パセリ(みじん切り)…少々
オリーブ油…大さじ1

作り方
1 しめじは石づきを落とし、大きめにほぐす。エリンギは長さを半分に切り、さらに縦6等分に切る。しいたけは石づきを落とし、縦2〜4等分に切る。レモンは輪切りを3枚作り、残りは搾る。
2 フライパンにオリーブ油とレモンの輪切りを熱し、きのこ、Aを加え、強めの中火で焼き色がつくまで水分を飛ばすように炒める。
3 仕上げに粗びき黒こしょう、レモン汁、パセリを加えてさっと混ぜる。

しっかり味で日持ちも◎！

しいたけとこんにゃくの甘辛炒め

冷蔵 4日　15分　フライパンひとつで

材料（4人分）
しいたけ…2パック(300g)
こんにゃく(アク抜き)
　…1枚(220g)
赤唐辛子(輪切り)…1本分
A しょうゆ…大さじ2
　砂糖…大さじ2
B 削り節…6g
　白いりごま…大さじ1
サラダ油…大さじ1

作り方
1 しいたけは石づきを落とし、縦4等分に切る。こんにゃくは食べやすい大きさに手でちぎる。
2 フライパンにサラダ油、赤唐辛子を熱し、中火で1を炒め、全体に油が回ったらAを加え、水分を飛ばすように炒める。
3 火を止め、Bを加えて全体に混ぜ合わせる。

レンチンだけ
15分

レンチンで簡単洋風茶碗蒸し
しめじとウインナーのフラン

材料（2人分）
しめじ…1パック(100g)
ウインナーソーセージ
　…3本(50g)
A 卵…1個
　牛乳…¾カップ
B 塩…小さじ¼
　粗びき黒こしょう…少々
　バター…20g
パセリ（みじん切り）…適宜

作り方
1 しめじは石づきを落とし、大きめにほぐす。ウインナーは斜め薄切りにする。Aはよく溶いておく。
2 耐熱ボウルに1、Bを入れ、軽くラップをして電子レンジで3分加熱し、Aを加えてよく混ぜる。
3 耐熱の器に入れ、軽くラップをして電子レンジ弱(200W)で7分加熱し、好みでパセリを散らす。

Memo 電子レンジで200Wの設定ができない場合は、600Wで1分30秒〜2分加熱し、そのまま2分ほどおいてください。

レンチンだけ
10分

にらの香りがアクセントの甘辛つくね
えのきとにらのふんわりつくね

材料（2人分）
えのきだけ…1袋(100g)
にら…3本
豚ひき肉…200g
A 小町麩（細かく崩す）…10g
　みそ…大さじ½
　片栗粉…大さじ½
片栗粉…大さじ½
B しょうゆ…大さじ½
　みりん…大さじ1
　にんにく（すりおろし）
　…小さじ1

作り方
1 えのきは石づきを落とし、にらと一緒に1cm幅に切る。
2 ボウルに1、ひき肉、Aを入れてよく揉み込む。6等分にして1cm厚さの丸形に成形し、片栗粉を薄くまぶす。
3 耐熱皿によく混ぜたBを広げ、2をのせる。軽くラップをして電子レンジで6分加熱し、そのまま1分ほどおき、タレをよくからめる。

フライパンひとつで
10分

マヨネーズがコクを出す
しめじとちくわのマヨ炒め

材料（2人分）
しめじ…2パック(200g)
ちくわ…2本
マヨネーズ…大さじ3
粗びき黒こしょう…少々
しょうゆ…小さじ1
パセリ（みじん切り）…適宜

作り方
1 しめじは石づきを落とし、大きめにほぐす。ちくわは5mm幅の斜め切りにする。
2 フライパンにマヨネーズを熱し、中火で1を炒め、ちくわに焼き色がついたら粗びき黒こしょう、しょうゆを加えてひと混ぜする。好みでパセリを加えて混ぜる。

旨味たっぷりのきのこは、和風のおかずにも洋風のおかずにもぴったり。汁物やシチュー、鍋に加えてもおいしいのでたっぷり使って。
毎日のおかずに登場させれば、腸内環境を整えて腸活にも！

きのこ

冷凍

冷蔵

時短

かさまし

アンチョビの塩気と唐辛子の辛味が美味！
きのことアンチョビのアヒージョ風

材料（2人分）
しめじ…1パック(100g)
エリンギ…1パック(100g)
アンチョビ…2枚
赤唐辛子（輪切り）…½本分
にんにく（すりおろし）
　…大さじ1
塩…少々
オリーブ油…¼カップ
パセリ（みじん切り）…適宜
バゲット…適量

作り方
1 しめじは石づきを落として大きめにほぐし、エリンギは長さを半分に切り、さらに縦6等分に切る。
2 小さめのフライパンにオリーブ油、アンチョビ、赤唐辛子を熱し、中火でしめじ、エリンギ、にんにくを炒め、しんなりしたら塩で味をととのえる。好みでパセリをふり、バゲットを添える。

おかずになる！きのこの具沢山汁
きのこたっぷりいも煮

材料（2人分）
まいたけ…1パック(100g)
しいたけ…½パック(75g)
里いも…3〜4個(300g)
長ねぎ…1本
牛切り落とし肉…150g
酒…大さじ2
A 水…2½カップ
　削り節…5g
みそ…大さじ2〜3
ごま油…大さじ½
一味唐辛子…適宜

作り方
1 まいたけは一口大にほぐす。しいたけは石づきを落とし、縦4等分に切る。里いもは7mm幅の輪切り、長ねぎの青い部分は小口切り、白い部分は1cm幅の輪切りにする。牛肉は一口大に切る。
2 鍋にごま油と長ねぎの白い部分を熱し、強めの中火で牛肉を色が変わるまで炒め、里いも、きのこを加えて炒める。全体に油が回ったら酒を加えて煮立たせ、Aを加えて蓋をし、弱めの中火で10分ほど煮込む。火を止め、みそを溶き入れる。器に盛り、長ねぎの青い部分をのせ、好みで一味唐辛子をふる。

素材の旨味でまろやかシチューの完成
きのこと鮭のクリームシチュー

材料（2人分）
しめじ…1パック(100g)
エリンギ…1パック(100g)
長ねぎ…1本
生鮭（切り身）…2切れ
A 塩…小さじ⅔
　こしょう…少々
小麦粉…大さじ2½
牛乳…1½カップ
塩・こしょう…各少々
バター…20g

作り方
1 しめじは石づきを落として大きめにほぐす。エリンギは長さを半分に切り、さらに縦6等分に切る。長ねぎは斜め薄切りにする。鮭は皮を取り除いて3等分に切り、Aをふり、小麦粉大さじ½をまぶす。
2 フライパンにバターを熱し、中火で鮭を片面1分30秒ずつ焼いて取り出す。同じフライパンに長ねぎ、きのこを入れてしんなりするまで炒め、小麦粉大さじ2を加えてさらに炒める。
3 牛乳を加えてよく混ぜ、とろみがついたら鮭を戻し入れ、ひと煮立ちさせ、塩、こしょうで味をととのえる。

じゃがいも

旬のじゃがいもは、ビタミンCが豊富。食物繊維や糖質も多いので毎日のエネルギー源に。保存がきくので箱買いするのがおすすめ。

保存方法

蓋つきの箱に入れる
光に当たって芽が出ないように、蓋つきの箱に入れる。冷暗所が◎。

常温 **2**週間

マッシュポテトにする
じゃがいもを冷凍して保存するなら、マッシュポテトにするのがおすすめ。

冷凍 **3**週間

約3kg分

冷蔵作りおき

ひき肉じゃが
→P135

冷蔵 **3**日 5個

じゃがいものグラタン
→P135

冷蔵 **4**日 6個

時短

とろりチーズのいも餅
→P136

15分 2個

ポテサラ
→P136

15分 2個

じゃがいもと桜えびのガレット
→P137

15分 2個

ジャーマンポテト
→P137

15分 2個

じゃがいも5〜6個を使って、炒め物や煮物、グラタンを作りましょう。たくさん作っておくと、毎日の献立作りに役立ちます。

スライサーを使えば極細切りも簡単

じゃがいもとじゃこの炒め風

材料（4人分）

じゃがいも…5個（750g）
ちりめんじゃこ…15g
A しょうが（すりおろし）
　　…小さじ1
　 ごま油…大さじ1
青のり…小さじ½
塩…小さじ1

作り方

1 じゃがいもはスライサーなどで極細いせん切りにし、さっと水にさらし、水けをきる。

2 耐熱ボウルにちりめんじゃこ、Aを入れてよく混ぜ、ラップをしないで電子レンジで30秒加熱する。

3 じゃがいもと塩を加えてざっくりと混ぜ、ラップをしないでレンジで3分加熱する。一度取り出し、よく混ぜてさらに2分加熱し、青のりを加えてよく混ぜる。

冷蔵3日 / 10分 / レンチンだけ

じゃがいも料理の王道肉じゃがをひき肉で

ひき肉じゃが

材料（4人分）

じゃがいも…5個（750g）
玉ねぎ…1個
合いびき肉…300g
A 砂糖…大さじ2
　 削り節…6g
　 水…2½カップ
B しょうゆ…¼カップ
　 みりん…大さじ2

作り方

1 じゃがいもは3等分の乱切り、玉ねぎは8等分のくし形切りにする。

2 フライパンにひき肉を強めの中火で炒め、色が変わったらじゃがいもを加えて2分ほど炒め、Aを加える。アクを取りながら煮立たせ、落とし蓋をしてから蓋をし、5分ほど煮込む。

3 玉ねぎとBを加え、落とし蓋をしてから蓋をし、7〜8分煮込み、そのまま5分ほどおく。

冷蔵3日 / 20分 / フライパンひとつ

にんにくとバターを効かせてじゃがいもを濃厚に

じゃがいものグラタン

材料（4人分）

じゃがいも…6個（900g）
牛乳…1½カップ
小麦粉…大さじ2
バター…30g
A にんにく（すりおろし）
　　…大さじ½
　 塩…小さじ1
　 こしょう…少々

作り方

1 じゃがいもはスライサーなどで薄い輪切りにし、耐熱の器に敷き詰める。

2 ボウルに小麦粉と牛乳を入れ、だまにならないように混ぜる。Aを加え、さらによく混ぜ、1に回しかけ、バターを小さく切って散らす。

3 2に軽くラップをして電子レンジで12分加熱する。ラップを外し、オーブントースターで焦げ目がつくまで5〜6分焼く。

冷蔵4日 / 20分 / レンチン＋トースター

Memo そのままパンに挟んでサンドイッチにしたり、肉・魚料理のつけ合わせにしたり、つぶして牛乳を加えてスープにしても。

じゃがいも / 冷凍 / 冷蔵 / 時短 / かさまし

135

フライパンひとつで 15分

甘辛味にチーズでコクを。お弁当にもおやつにも◎

とろりチーズのいも餅

材料（2人分）

じゃがいも…2個(300g)

A ピザ用チーズ…50g
　片栗粉…大さじ3
　塩…小さじ¼
　こしょう…少々
B しょうゆ…大さじ1
　砂糖…大さじ1
　水…大さじ1
バター…20g

作り方

1 じゃがいもはすりおろしてボウルに入れ、Aを加えてよく混ぜる。6等分にして平たい丸形に成形する。Bは混ぜておく。

2 フライパンにバターを熱し、中火で1のいも餅を焼き色がつくまで焼き、ひっくり返して蓋をし、3分ほど焼く。Bを加え、からめる。

レンチンだけ 15分

ヨーグルトの酸味を効かせてさわやかに

ポテサラ

材料（2人分）

じゃがいも…2個(300g)
玉ねぎ…¼個
きゅうり…½本
ハム…4枚
マヨネーズ…大さじ1
A マヨネーズ…大さじ3
　水きりヨーグルト(P22参照)
　　…大さじ2
　塩…小さじ¼
　こしょう…少々

作り方

1 じゃがいもは5mm幅の輪切り、玉ねぎは極薄切り、きゅうりは薄い輪切りにする。ハムは半分に切り、7mm幅に切る。

2 耐熱ボウルにじゃがいもを入れ、マヨネーズを加えてよく混ぜる。軽くラップをして電子レンジで5分加熱し、そのまま5分ほどおく。

3 熱いうちに玉ねぎを加えてよく混ぜ、きゅうり、ハム、Aを加え、和える。

オイスターソース味にしょうがが隠し味

じゃがいものチンジャオロース

材料（2人分）

じゃがいも…2個(300g)
ピーマン…3個
豚ロースとんかつ用肉
　…2枚(200g)
A 塩・こしょう…各少々
　片栗粉…小さじ1
B オイスターソース
　　…大さじ1½
　しょうが(すりおろし)
　　…小さじ½
サラダ油…大さじ½

作り方

1 じゃがいもはせん切りにし、さっと水にさらし、水けをきる。ピーマンはせん切りにする。豚肉はせん切りにしてAをまぶす。

2 フライパンにサラダ油を熱し、強めの中火で豚肉を炒め、うっすら焼き色がついたらじゃがいもを加え、1分ほど炒める。

3 ピーマン、Bを加え、全体にからめながら炒める。

じゃがいもは、煮物はもちろん、炒め物、サラダなどに幅広く使える万能食材。切り方によって、ホクホク、シャキシャキ食感を味わえます。油やチーズとの相性もいいので、コクうまおかずもおすすめです。

桜えびとチーズでカリカリ感と風味がアップ

じゃがいもと桜えびのガレット

材料（2人分）

じゃがいも…2個（300g）
桜えび（乾燥）…5g
A 粉チーズ…大さじ2
　小麦粉…大さじ1
　塩…小さじ¼
　粗びき黒こしょう…少々
バター…20g

作り方

1 じゃがいもはスライサーなどで極細いせん切りにし、ボウルに入れ、**A**を加えて混ぜる。

2 フライパンに桜えびを入れて中火で熱し、バター、**1**を加えてよく炒め、形をととのえる。蓋をして弱めの中火で5分ほど焼き、ひっくり返してさらに5分ほど焼く。

調理のPoint

じゃがいもは極細のせん切りにすることで、焼いたときのカリッとした食感が楽しめます。桜えびを先に炒めることで臭みが取れます。

15分　フライパンひとつで

温泉卵をからめて食べるとさらに濃厚に!

ジャーマンポテト

材料（2人分）

じゃがいも…2個（300g）
玉ねぎ…½個
ウインナーソーセージ…3本
にんにく（すりおろし）
　…小さじ1
塩…小さじ⅔
粗びき黒こしょう…少々
オリーブ油…大さじ1
温泉卵…1個
パセリ（みじん切り）…適宜

作り方

1 じゃがいも、玉ねぎは1.5cm角に切り、ウインナーは7mm幅に切る。

2 フライパンにオリーブ油とウインナーを入れて強めの中火で熱し、じゃがいも、玉ねぎ、にんにく、塩を加え、焼き色がつくまで炒める。

3 蓋をして弱めの中火で5分ほど加熱し、じゃがいもに火が通ったら、粗びき黒こしょうをふり、温泉卵をのせる。好みでパセリをふる。

代わりの食材

ウインナーソーセージの代わりにベーコンを使っても◎。温泉卵をからめて食べるとさらに濃厚に!

15分　フライパンひとつで

だしいらず! レンチンで完成

じゃがいも煮っころがし

材料（2人分）

じゃがいも…3個（450g）
A しょうゆ…大さじ1½
　砂糖…大さじ1
　削り節…3g
　水…大さじ1

作り方

1 じゃがいもは4等分に切り、耐熱ボウルに入れる。軽くラップをして電子レンジで5分加熱し、そのまま2分ほどおく。

2 フライパンに**1**と**A**を入れ、中火で煮からめる。

調理のPoint

じゃがいもを電子レンジで加熱してから煮からめるので、時間のかかる煮っころがしも簡単にできます。

10分　レンジ＋フライパン

にんじん

にんじんは、β-カロテン、ビタミンCが豊富な緑黄色野菜。副菜の作りおきや毎日のおかずに取り入れてビタミン補給を。

下ごしらえ&保存方法

保存袋に入れて
野菜室へ

冷蔵 2週間

さらに長持ちさせたいときは、ペーパータオルに包んでから保存袋に入れて野菜室で保存（3週間）。

使いやすい形に切って冷凍保存

冷凍 3週間

スライサーなどを使ってせん切りや薄い輪切りなど、使いやすい形に切り、冷凍用保存袋に入れ、冷凍する。

約12本分

冷蔵作りおき

いかにんじん
→P139

冷蔵 3日 2本

にんじんの
エスニック風
なます→P139

冷蔵 4日 1本

時短

にんじんと
ベーコンの
ハニーマスタード
→P140

10分 1本

にんじんと
青のりのかき揚げ
→P140

15分 1本

にんじんの
ゆずたらこ和え
→P141

15分 1本

にんじんと
ツナのピラフ風
混ぜごはん→P141

10分 1本

冷蔵作りおきRecipe

ビタミン補給のために、にんじんを使った作りおきおかずをたっぷり作りましょう。スライサーを使ってせん切りをすると手軽にできるのでおすすめです。

にんじん｜冷凍｜冷蔵｜時短｜かさまし

はちみつの甘みとレモンの酸味がバランス◎
キャロットラペ

冷蔵 4日　10分（漬け時間は除く）　混ぜるだけ

材料（4人分）
にんじん…2本(300g)
塩…小さじ½
A レーズン…30g
　クミンシード…小さじ½
　レモン汁…大さじ1
　はちみつ…大さじ½
　オリーブ油…大さじ1

作り方
1 にんじんはスライサーなどで極細いせん切りにし、ポリ袋に入れ、塩を加えてよく混ぜる。空気を抜くように密封し、5分ほどおく。
2 1の水けを絞って保存容器に入れ、Aを加えてよく混ぜ、30分以上おく。

Memo レモン汁やクミンシードを使っているので、最後まで香りよく食べることができます。

さきいかの旨味がポイント
いかにんじん

冷蔵 3日　10分（漬け時間は除く）　揉み込むだけ

材料（4人分）
にんじん…2本(300g)
さきいか…30g
切り昆布…5g
A しょうゆ…小さじ1
　砂糖…小さじ1
　白いりごま…大さじ1
　酒(煮きり)…大さじ1

作り方
1 ポリ袋にAと切り昆布を入れて軽く混ぜておく。
2 にんじんはスライサーなどでせん切りにし、さきいかと一緒に1に加えてよく揉み込み、空気を抜くように密封し、半日以上、冷蔵庫でおく。

調理のPoint
さきいかが大きかったり、長い場合は、キッチンバサミなどで切ってから使うと食べやすくなります。

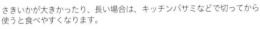

パンに挟んだり、料理に添えても
にんじんのエスニック風なます

冷蔵 4日　10分（漬け時間は除く）　揉み込むだけ

材料（4人分）
にんじん…1本(150g)
大根…約⅓本(300g)
ナンプラー…大さじ1
スイートチリソース…大さじ2

作り方
1 にんじん、大根は長さを合わせて細いせん切りにする。
2 ポリ袋に全ての材料を入れてよく揉み込み、空気を抜くように密封し、冷蔵庫で30分以上おく。

Memo パクチーやバターピーナッツを砕いたものを加えてもおいしい。

にんじん

レンチンだけ **10分**

フライパン不要のレンチンしりしり
にんじんしりしり

材料(2人分)
にんじん…1本(150g)
削り節…2g
白いりごま…小さじ1
A 卵…1個
マヨネーズ…大さじ1
B しょうゆ…大さじ1
砂糖…大さじ1
ごま油…小さじ1

作り方
1 にんじんは縦2等分に切り、斜めに極薄切りにする。
2 耐熱ボウルに**A**を入れてよく混ぜ、ラップをしないで電子レンジで1分30秒加熱し、細かくほぐし、**1**、**B**を加えてよく混ぜ、ラップをしないでレンジで3分加熱する。
3 削り節、白いりごまを加え、よく混ぜる。

レンチンだけ **10分**

レンチンで油を使わずヘルシーに
にんじんとベーコンのハニーマスタード

材料(2人分)
にんじん…1本(150g)
ベーコン…3枚
粒マスタード…大さじ½
はちみつ…大さじ1
塩…少々

作り方
1 にんじんはスライサーなどで薄い輪切り、ベーコンは2cm幅に切る。
2 耐熱ボウルに全ての材料を入れてよく混ぜ、ラップをしないで電子レンジで5分加熱し、よく混ぜる。

(**代わりの食材**
ベーコンをウインナーソーセージに代えてもおいしくできます。)

フライパンひとつ **15分**

青のりの風味が美味。玉ねぎの甘みが効いたタレも◎
にんじんと青のりのかき揚げ

材料(2人分)
にんじん…1本(150g)
A 青のり…小さじ½
てんぷら粉…50g
水…60〜70㎖
揚げ油…適量
B 玉ねぎ(みじん切り)…¼個分
めんつゆ(3倍濃縮)…大さじ3
水…大さじ1

作り方
1 にんじんはスライサーなどで細いせん切りにする。**B**はよく混ぜておく。
2 ボウルに**A**を入れてよく混ぜ、にんじんを加え、ざっくりと混ぜる。
3 フライパンに揚げ油を1cm入れて180℃に熱し、**2**を4等分に分けながら入れて3分ほど揚げ、ひっくり返してさらに3分ほど揚げ、バットに立てかけるように油をきる。器に盛り、**B**を添える。

にんじんの調理は切る手間がかかるので、スライサーを積極的に使ってスライスやせん切りにする時短がおすすめ。油と一緒に調理すると、β-カロテンの吸収率もアップします。

15分 フライパンひとつで

桜えびをごま油で焼いて香ばしさアップ
にんじんと桜えびのチヂミ

材料（2人分）
- **にんじん…1本(150g)**
- 桜えび（乾燥）…5g
- A 小麦粉…50g
  - 片栗粉…大さじ2
  - 削り節…3g
  - 塩…小さじ⅓
  - 水…90ml
- ごま油…大さじ2
- B しょうゆ…大さじ1
  - コチュジャン…大さじ1
  - 酢…大さじ1
  - ごま油…大さじ1
  - 白いりごま…大さじ½
  - 水…大さじ1

作り方
1 にんじんはせん切りにする。Bはよく混ぜておく。
2 ボウルにAを入れてよく混ぜ、にんじんを加えて混ぜる。
3 フライパンにごま油、桜えびを熱し、2を流し入れて強めの中火で焼き、焼き色がついたらひっくり返して中火でさらに焼きつける。器に取り出し、キッチンバサミで食べやすい大きさに切り、Bを添える。

15分 レンチンだけ

ゆずこしょうがたらこをさわやかに
にんじんのゆずたらこ和え

材料（2人分）
- **にんじん…1本(150g)**
- たらこ…½腹(35g)
- ゆずこしょう…小さじ½
- オリーブ油…大さじ1

作り方
1 にんじんはスライサーなどで薄い輪切りにし、たらこはほぐす。
2 耐熱ボウルににんじんを入れ、軽くラップをして電子レンジで3分加熱し、そのまま2分ほどおき、水けをきる。
3 ボウルにオリーブ油、ゆずこしょう、たらこの順に入れて混ぜ、2を加えてよく混ぜる。

10分 混ぜるだけ

すりおろしたにんじんがふんわり
にんじんとツナのピラフ風混ぜごはん

材料（2人分）
- **にんじん…1本(150g)**
- ツナ缶（オイル漬け）…小1缶(70g)
- バター…15g
- 塩…小さじ⅓
- 粗びき黒こしょう…少々
- 熱々のごはん…400g
- パセリ（みじん切り）…適宜

作り方
1 にんじんはすりおろし、ツナは油をしっかりきる。
2 ボウルにごはん、バター、1を入れてよく混ぜ、塩、粗びき黒こしょうで味をととのえる。
3 器に盛り、好みでパセリをふる。

 Memo 混ぜただけとは思えないおいしさ！彩りも鮮やかで、おもてなしのごはんにもぴったり。

玉ねぎ

玉ねぎに含まれる硫化アリル、ケルセチンは、血液サラサラの効果も。玉ねぎを箱買いしたら、通気性のよい所で保存して使い切って。

下ごしらえ&保存方法

ペーパータオルを敷いた箱に入れる

常温 3週間

箱にペーパータオル（または新聞紙）を敷いてから入れる。通気性のよい篭などがあればさらによい。

使いやすい形に切って冷凍保存

冷凍 3週間

根元を少し残して切るとバラバラにならない。使いやすい形に切ってから冷凍用保存袋に入れ、冷凍する。

約10個分

冷蔵作りおき

ごろっと玉ねぎとベーコンのスープ煮→P143

 冷蔵 **4日** **3個**

新玉ねぎのツナマヨサラダ→P143

冷蔵 **3日** **2個**

時短

玉ねぎとあさりのクリームスープ→P144

 15分 **½個**

玉ねぎのコンビーフ焼きトースト→P145

 10分 **⅔個**

玉ねぎの肉巻き→P144

 15分 **1個**

玉ねぎとさばのみそ煮→P145

 10分 **1個**

玉ねぎ2〜3個を一度に使って、スープ煮やサラダ、煮物を作りましょう。
毎日の献立の一品に、大活躍してくれること間違いなし！

ベーコンの旨味が染みたとろとろ玉ねぎの甘みがおいしい

ごろっと玉ねぎとベーコンのスープ煮

材料（4人分）

玉ねぎ…3個

ベーコン（ブロック）…150g

A 塩…小さじ⅔

　ローリエ…1枚

　水…3½カップ

白ワイン（酒でも可）…大さじ2

塩・粗びき黒こしょう…各少々

作り方

1 玉ねぎは縦4等分に切り、ベーコンは1cm角の棒状に切る。

2 鍋に1、Aを入れて火にかける。アクを取りながら煮立たせ、白ワインを加えて蓋をし、弱めの中火で10〜15分煮込む。塩、粗びき黒こしょうで味をととのえる。

Memo シンプルに作っているので、好みの食材を追加したり、ごはんを入れてリゾット、ゆでたパスタを入れてスープパスタにしたり、いろいろアレンジできます。

冷蔵 4日　20分　鍋ひとつで

玉ねぎ / 冷凍 / 冷蔵 / 時短 / かさまし

みずみずしい新玉ねぎをツナマヨで濃厚に

新玉ねぎのツナマヨサラダ

材料（4人分）

新玉ねぎ…2個

ツナ缶（オイル漬け）…大1缶（140g）

白すりごま…大さじ1

マヨネーズ…大さじ5

しょうゆ…小さじ1

塩・粗びき黒こしょう…各少々

作り方

1 新玉ねぎは極薄切りにする。

2 ボウルに1、マヨネーズを入れてよく混ぜ、油をきったツナ、白すりごま、しょうゆを加えて混ぜ、塩、粗びき黒こしょうで味をととのえる。

代わりの食材 玉ねぎで作るときは、切ってから水にさらし、水けをしっかりきって使ってください。

冷蔵 3日　10分　混ぜるだけ

みそとコチュジャンでこっくり味

玉ねぎとひき肉のコチュジャン煮

材料（4人分）

玉ねぎ…3個

鶏ひき肉…200g

A みそ…大さじ1

　コチュジャン…大さじ2

　白すりごま…大さじ2

　にんにく（すりおろし）…小さじ1

B 酒…大さじ2

　水…¼カップ

作り方

1 玉ねぎは縦6等分に切る。Aは混ぜ合わせておく。

2 フライパンにひき肉を中火で色が変わるまで炒め、Aを加えてさらに炒める。玉ねぎを加えて全体にからめ、Bを加えて蓋をし、途中混ぜながら5分ほど煮込む。

冷蔵 3日　15分　フライパンひとつで

玉ねぎ

時短Recipe

フライパンひとつで **15分**

あさり缶で簡単クラムチャウダー風

玉ねぎとあさりのクリームスープ

材料（2人分）

玉ねぎ…½個
あさり缶（水煮）
　…1缶（155gうち固形130g）
ベーコン…2枚
小麦粉…大さじ2
A 牛乳…1½カップ
　│ 塩…小さじ½
バター…15g
塩・粗びき黒こしょう…各少々
パセリ（みじん切り）…少々

作り方

1 玉ねぎは薄切り、ベーコンは1cm
　幅に切り、パセリは粗めに刻む。
2 フライパンにバターとベーコンを
　熱し、玉ねぎを加えて中火で炒め、
　全体に脂が回ったら小麦粉を加え
　て炒める。
3 あさり缶を汁ごと、**A**を加えてと
　ろみがつくまで煮込み、塩、粗び
　き黒こしょうで味をととのえる。
　器に盛り、パセリをふる。

フライパンひとつで **15分**

バラバラにならない切り方で巻きやすく

玉ねぎの肉巻き

材料（2人分）

玉ねぎ…1個
豚バラ薄切り肉…6枚
小麦粉…大さじ2
A にんにく（すりおろし）
　　│ …小さじ½
　│ しょうゆ…大さじ1
　│ みりん…大さじ1
バター…10g
キャベツ（せん切り）…⅛個分

作り方

1 玉ねぎは芯を残したまま縦6等分
　に切り、豚肉を巻き、巻きおわり
　をなじませ、小麦粉をまぶす。
2 フライパンにバターを熱し、**1**を
　とじめを下にして並べ、中火で全
　面に焼き色がつくまで焼きつける。
　蓋をして弱めの中火で時々ひっく
　り返しながら6〜7分焼き、**A**を
　加えて煮立たせながらからめる。
3 器に盛り、キャベツを添える。

調理のPoint

玉ねぎを切るときに、芯を全て取らずに少し残しておけば、切ったあともバ
ラバラにならず、豚肉を巻きやすくなります（P142参照）。

レンチンだけ **10分**

レンチンで炒めるより手早く

玉ねぎとかにかまのオイスター炒め風

材料（2人分）

玉ねぎ…1個
かに風味かまぼこ…100g
オイスターソース…大さじ½
ごま油…小さじ1

作り方

1 玉ねぎは1cm幅のくし形切り、か
　にかまは粗くほぐす。
2 耐熱ボウルに玉ねぎを入れ、軽く
　ラップをして電子レンジで3分加
　熱し、ボウルの底の水分をペー
　パータオルで押さえ、熱いうちに
　残りの材料を加えてよく混ぜる。

肉巻きやフライなど玉ねぎが主役のおかずから、炒め物、煮物、スープまで、しっかり加熱して甘味と旨味を引き出したレシピを紹介。
玉ねぎのおいしさをたっぷり味わって。

衣のチーズで旨味アップ。バジルの風味も◎
玉ねぎのハーブチーズフライ

材料（2人分）

玉ねぎ…1個
塩…小さじ⅓
A 小麦粉…大さじ2〜3
　溶き卵…1個分
B パン粉…1カップ
　粉チーズ…大さじ2
　ドライバジル…小さじ½
揚げ油…適量

作り方

1 玉ねぎは縦8等分に切って塩をふる。A、Bはそれぞれよく混ぜておく。
2 玉ねぎをAにくぐらせ、Bの衣をつける。
3 フライパンに揚げ油を1cm入れて170℃に熱し、2を片面2分ずつ揚げ、バットに立てかけるように油をきる。

ボリューム◎! 朝ごはんにもランチにも
玉ねぎのコンビーフ焼きトースト

材料（2人分）

A **玉ねぎ…⅔個**
　コンビーフ缶
　　…1缶（80g）
　マヨネーズ…大さじ2
食パン（6枚切り）…2枚
ピザ用チーズ…50g
バター…10g
パセリ（みじん切り）…適宜

作り方

1 Aの玉ねぎは極薄切りにし、他のAの材料とよく混ぜる。
2 食パンにバターを塗り、1を½量のせ、チーズをのせる。もう1枚同様に作る。
3 オーブントースターでチーズに焦げ目がつくまで7〜8分焼き、好みでパセリをふる。

レンジを使った簡単さば煮
玉ねぎとさばのみそ煮

材料（2人分）

玉ねぎ…1個
さば缶（水煮）
　…1缶（190gうち固形140g）
A みそ…大さじ1
　みりん…大さじ1
　赤唐辛子（輪切り）
　　…½本分

作り方

1 玉ねぎは縦6等分に切る。Aは混ぜ合わせておく。
2 耐熱ボウルに水けをきったさば缶を2つに割りながら入れ、玉ねぎを加えてAを回しかける。軽くラップをして電子レンジで5分加熱し、ざっくりと混ぜる。

トマト

トマトは抗酸化ビタミンが豊富な夏野菜の代表。旬のトマトは甘味も旨味もたっぷり。箱買いで安く手に入れて、さまざまな料理に。

下ごしらえ&保存方法

ヘタを下にして保存する

冷蔵 **1**週間

保存袋を平らにおき、トマトのヘタを下にして入れる。冷蔵庫の野菜室で平らにして保存する。

使いやすい形に切って冷凍保存

冷凍 **3**週間

乱切りなど、使いやすい形に切ってから冷凍用保存袋に入れ、冷凍する。凍ったままスープや煮物に使える。

切り方のコツ

バラバラにならない乱切り

大きいトマトは縦に4等分に切り、真ん中の上からつながっている部分を切らないように横斜めに切る。

トマト約12個／ミニトマト約30個分

冷蔵作りおき

ミニトマトのハニーレモンマリネ→P147

冷蔵 **3**日 **20**個

トマトとささみの洋風お浸し→P147

冷蔵 **3**日 **4**個

時短

トマトと肉団子のおでん→P148

15分 **2**個

トマトのラー油炒め→P148

10分 **2**個

トマトとモッツァレラの塩麹カプレーゼ→P149

10分 **2**個

トマトとじゃこのブルスケッタ→P149

10分 **1**個

ミニトマトやトマトをたっぷり使って、マリネやお浸し、ごま和えの作りおきを。トマトは水けが出やすいので、早めに食べ切りましょう。

甘酸っぱい味つけにバジルの風味がアクセント

ミニトマトのハニーレモンマリネ

冷蔵 3日　10分　混ぜるだけ
漬け時間は除く

材料（4人分）

ミニトマト…20個（350g）

A レモン汁…大さじ2
　はちみつ…大さじ3
　塩…小さじ½
　ドライバジル…少々
オリーブ油…大さじ2

作り方

1 ミニトマトはヘタを取り、上に1か所7㎜深さの切り目を入れる。
2 ポリ袋にAを入れてよく混ぜ、1を加えて全体にからめ、オリーブ油を加える。つぶさないように空気を抜いて密封し、冷蔵庫に1時間以上おく。

調理のPoint

プチトマトはヘタを取って、上に1か所包丁で切り目を入れると、味が染み込みやすくなります。

トマトとささみの旨味が溶け出したスープごとどうぞ

トマトとささみの洋風お浸し

冷蔵 3日　15分　レンチン ＋ 鍋

材料（4人分）

トマト…4個（150g×4）
鶏ささみ…3本（180g）
塩…適量
A 酒…大さじ1½
　しょうが（すりおろし）
　…小さじ½

作り方

1 ささみはペーパータオルで水けを押さえ、筋を取り除く。塩小さじ½をすり込み、耐熱皿にのせる。よく混ぜたA を回しかけ、軽くラップをして電子レンジで2分加熱し、ひっくり返して30秒加熱し、そのまま粗熱が取れるまでおく。蒸し汁は取っておく。
2 鍋に湯1½カップを沸かし、ヘタをくり抜いたトマトを上下30秒ずつゆでて取り出し、皮をむく。
3 2の鍋に大きめにほぐした1のささみ、ささみの蒸し汁を加えて煮立たせ、塩適量で味をととのえ、トマトを戻し入れ、ひと煮立ちさせる。

調理のPoint

トマトをゆでた湯をそのままスープに使えば無駄なく、時短に。トマトはよく洗ってからゆでましょう。

ごまと削り節の旨味でシンプルにトマトを味わう

トマトの旨だしごま和え

冷蔵 3日　10分　レンチンだけ

材料（4人分）

トマト…4個（150g×4）
白すりごま…大さじ2
削り節…3g
A しょうゆ…大さじ2
　みりん…大さじ2

作り方

1 耐熱ボウルにAを入れ、ラップをしないで電子レンジで1分加熱し、冷ます。
2 トマトは4等分に切る。
3 1に2を入れて全体にからめ、白すりごま、削り節を加え、ざっくりと混ぜる。

Memo　トマトから水分が出てきたら、水分ごとスープにしても◎。

鍋ひとつで **15分**

トマトの酸味がおいしい洋風おでん

トマトと肉団子のおでん

材料（2人分）

トマト…2個
A 鶏ひき肉…200g
　小町麩（細かく崩す）
　　…10個（10g）
　しょうが（すりおろし）
　　…小さじ½
　塩昆布（粗めに刻む）…5g
　酒…大さじ1
B 水…2½カップ
　酒…大さじ2
　塩…小さじ½
万能ねぎ（小口切り）…2本分

作り方

1 ポリ袋に**A**を入れてよく混ぜ、6等分に丸める。
2 鍋に**B**を入れて火にかけ、煮立ったら、ヘタをくり抜いたトマトを上下30秒ずつゆでて取り出し、皮をむく。
3 2の鍋に1を入れ、アクを取りながら煮立たせ、蓋をして弱めの中火で5分ほど煮る。トマトを戻し入れ、1分ほど煮て、万能ねぎを散らす。

フライパンひとつで **10分**

卵と炒めるだけで絶妙な旨さ

トマトと卵の中華炒め

材料（2人分）

トマト…2個
卵…2個
塩…少々
長ねぎ（みじん切り）…大さじ2
A 鶏がらスープの素…小さじ1
　粗びき黒こしょう…少々
ごま油…大さじ1

作り方

1 トマトは4等分に切る。卵は溶きほぐし、塩を加えてよく混ぜる。
2 フライパンにごま油大さじ½を強めの中火で熱し、溶き卵を加え、大きめの半熟スクランブルエッグ状態にし、端に寄せる。残りのごま油とトマト、長ねぎ、**A**を加え、全体をざっくりと混ぜ合わせるように炒める。

フライパンひとつで **10分**

しっかりした味つけでごはんにのせても◎

トマトのラー油炒め

材料（2人分）

トマト…2個
豚ひき肉…100g
チンゲン菜…1株
A 具沢山ラー油…大さじ2
　オイスターソース…大さじ1
B 鶏がらスープの素
　　…小さじ½
　片栗粉…小さじ1
　水…¼カップ

作り方

1 トマトは大きめの乱切り（P146参照）、チンゲン菜は長さを3等分に切り、根元は縦6等分に切る。**B**は混ぜ合わせておく。
2 フライパンにひき肉、**A**を入れ、強めの中火で炒め、色が変わったらチンゲン菜の茎を炒め、トマトとチンゲンの葉、よく混ぜた**B**を加え、とろみがつくまで炒める。

トマトはサラダなど、生で食べがちですが、加熱することで甘味と旨味がアップするので、炒め物や鍋にもおすすめです。
加熱すると崩れやすいので炒め物は短時間で。切り方も一工夫しましょう（P146参照）。

青じその香りが効いた和風カプレーゼ
トマトとモッツァレラの塩麹カプレーゼ

10分　混ぜるだけ

材料（2人分）
トマト…2個
モッツァレラチーズ
　…1個（100g）
青じそ…5枚
塩麹…大さじ1
オリーブ油…大さじ1

作り方
1 トマトは大きめの乱切り（P14
　6参照）、チーズは一口大にち
　ぎる。青じそはせん切りにする。
2 ボウルにトマト、チーズ、塩麹、
　青じそとオリーブ油の半量をよ
　く混ぜ、器に盛る。残りの青じ
　そとオリーブ油をかける。

（ 代わりの食材
モッツァレラチーズがなければ、水切りした木綿豆腐で代用しても。
さっぱりと食べられます。 ）

冷凍
冷蔵
時短
かさまし

トマト

ピリ辛ソースにトマトがよくなじむ
トマトえびチリ

10分　レンチンだけ

材料（2人分）
トマト…2個
むきえび…150g
片栗粉…大さじ3
A トマトケチャップ…大さじ2
　豆板醤…小さじ1
　鶏がらスープの素…小さじ1
　しょうが（すりおろし）
　　…小さじ½
　こしょう…少々
　水…大さじ1

作り方
1 えびは片栗粉大さじ2をよく揉み
　込み、流水で洗い、ペーパータオ
　ルで水けをしっかり押さえて残り
　の片栗粉をまぶす。トマトは大き
　めの乱切りにする（P146参照）。
2 耐熱皿によく混ぜたAを広げ、え
　びをのせ、隙間にトマトをおく。
　軽くラップをして電子レンジで4
　分加熱し、そのまま1分ほどおき、
　よく混ぜる。

じゃこの塩気がちょっとしたおつまみにぴったり
トマトとじゃこのブルスケッタ

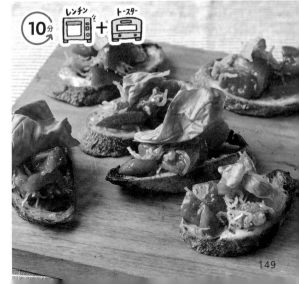

10分　レンチン ＋ トースター

材料（2人分）
トマト…1個
A ちりめんじゃこ…10g
　オリーブ油…大さじ1
　にんにく（すりおろし）
　　…小さじ½
　塩…小さじ⅓
　粗びき黒こしょう…少々
バゲット（スライス）…6枚
バジル…適量

作り方
1 トマトは1.5cm角くらいの乱切り
　にする。
2 耐熱ボウルにAを入れて混ぜ、
　ラップをしない電子レンジで1分
　加熱し、1を加えて混ぜる。
3 バゲットにオリーブ油少量（分量
　外）をふり、オーブントースター
　でこんがり焼き色がつくまで焼く。
　2をのせ、バジルをちぎって飾る。

なす

夏〜秋が旬のなすは、水分が多くジューシーで、皮にはポリフェノールが豊富。油と相性がよい特徴を生かして使い切りましょう。

下ごしらえ＆保存方法

アクを抜く
切って水にさらしてアクを抜く。

輪切り＆平らにする
輪切りにし、水にさらしてアクを抜き、水けを拭き取る。平らになるように冷凍用保存袋に入れて冷凍。凍ったまま炒めたり、煮たり、調理する。

冷凍 3週間

切り方のコツ

縞目にむく場合
縞目になるように皮を3か所、縦にむく。味が染みやすくなったり、火が通りやすくなる。

なす約12本分

冷蔵作りおき

なすと豚肉の
エスニック炒め
→P151
冷蔵 **3**日 **5**本

なすのおかか
しょうが和え
→P151
冷蔵 **4**日 **5**本

時短

なすの
揚げ浸し風
→P152
20分 **3**本

なすの麻婆
→P153
15分 **3**本

なすの天ぷら
→P152
10分 **2**本

ごろっとなすの
ミートボール
→P153
20分 **2**本

冷蔵作りおきRecipe

なすは油との相性がいいので、炒め物や油をからませてレンジ調理を。
たっぷり作っておけば、ごはんのお供やお弁当のおかずに便利です。

THEなす料理。ご飯が進む簡単副菜

なすのみそ炒め

材料 (4人分)
なす…5本
赤唐辛子(輪切り)…1本分
A みそ…大さじ2
　はちみつ…大さじ1
　みりん…大さじ1
　しょうが(すりおろし)
　　…小さじ1
白いりごま…大さじ1
サラダ油…大さじ1½

作り方
1 なすは乱切りにし、水にさらしてアクを抜き、ペーパータオルで水けを押さえる。
2 フライパンにサラダ油と赤唐辛子を熱し、強めの中火でなすを焼き色がつくまで炒める。Aを加えて水分を飛ばすように炒め、白いりごまを加えてひと混ぜする。

調理のPoint
なすを油でしっかり炒めてから、調味料を入れると味が染み込みやすくなります。

絶妙な旨さ！エスニックを敬遠しがちな方にも

なすと豚肉のエスニック炒め

材料 (4人分)
なす…5本
玉ねぎ…¼個
豚ひき肉…150g
にんにく(すりおろし)…小さじ1
赤唐辛子(輪切り)…½本分
A ナンプラー…大さじ1½
　はちみつ…大さじ½

作り方
1 なすは縦8等分に切り、水にさらしてアクを抜き、ペーパータオルで水けを押さえる。玉ねぎは極薄切りにする。Aは混ぜ合わせておく。
2 フライパンにひき肉、赤唐辛子、にんにくを強めの中火で熱し、脂が出てきたらなすを加えて炒める。しんなりしてきたらA、玉ねぎを加え、からめるように炒める。

削り節としょうがでしみじみ旨い

なすのおかかしょうが和え

材料 (4人分)
なす…5本
ごま油…大さじ1
酒…大さじ1
A しょうゆ…大さじ1½
　砂糖…大さじ1
　しょうが(すりおろし)
　　…小さじ½
　削り節…5g

作り方
1 なすは3か所、縦に皮をむいて長めの乱切りにし、水にさらしてアクを抜き、ペーパータオルで水けを押さえる。
2 ポリ袋に1、ごま油を入れてよくからませ、耐熱皿にのせ、酒を回しかける。軽くラップをして電子レンジで7分加熱し、1分ほどおく。Aを加えてよく混ぜる。

 Memo なすから出た旨味を削り節が吸っておいしく食べられます。

レンチンだけ
🔲 20分

揚げない揚げ浸しはなすもタレもレンチンで
なすの揚げ浸し風

材料（2人分）

なす…3本
みょうが（せん切り）…1本分
桜えび（乾燥）…3g
ごま油…大さじ1½
A しょうゆ…大さじ1
みりん…大さじ1
削り節…3g
赤唐辛子（輪切り）…½本分
塩…少々
水…½カップ

作り方

1 なすは長めの乱切りにし、水にさらしてアクを抜き、ペーパータオルで水けを押さえる。

2 ポリ袋に1、ごま油大さじ1を入れ、よくからませ、耐熱皿にのせる。軽くラップをして電子レンジで3分加熱し、そのまま1分ほどおく。

3 耐熱ボウルに桜えび、残りのごま油を入れてよく混ぜ、ラップをしないで電子レンジで30秒加熱し、Aを加え、さらに1分30秒加熱し、煮立たせる。2、みょうがを加えてよく混ぜ、10分以上おく。

レンチンだけ
🔲 15分

レンチンで出た蒸し汁も無駄なくタレに
蒸しなすとささみのねぎしょうがソース

材料（2人分）

なす…2本
鶏ささみ…3本（180g）
塩…小さじ⅓
酒…大さじ1
A 長ねぎ（みじん切り）…¼本分
しょうが（すりおろし）
…小さじ½
鶏がらスープの素…小さじ1
蒸し汁…大さじ1

作り方

1 なすは皮をむき、縦半分に切り、水にさらしてアクを抜き、ペーパータオルで水けを押さえる。ささみは塩をまぶす。

2 耐熱皿に1を並べ、酒を回しかける。軽くラップをして電子レンジで2分加熱し、ひっくり返してさらに2分加熱し、そのまま1分ほどおく。蒸し汁は取っておく。

3 粗熱が取れたら、なすとささみを大きめにさき、器に盛り、よく混ぜたAをかける。

フライパンひとつで
🍳 10分

花椒が効いてる天ぷらはあつあつをどうぞ
なすの天ぷら

材料（2人分）

なす…2本
A 天ぷら粉…50g
水…70㎖
塩…適量
花椒…少々
揚げ油…適量

作り方

1 なすは3か所、縦に皮をむき（P150参照）、5等分の乱切りにし、水にさらしてアクを抜き、ペーパータオルで水けをしっかり押さえる。ボウルにAを入れ、よく混ぜる。

2 フライパンに揚げ油を1㎝入れて180℃に熱し、Aにくぐらせたなすを片面2分ずつ揚げ、バットに立てかけるように油をきる。塩、花椒をふる。

なすは油で揚げたり、炒めたりすることで、とろとろのやわらかさとコクたっぷりのおいしさに。レンジ調理の蒸しなすも、みずみずしいなすのおいしさを存分に味わえ、ヘルシーなのでおすすめです。

蓋をして炒めて火の通りを早く

なすの麻婆

15分 フライパンひとつ

材料（2人分）
なす…3本
合いびき肉…150g
A 甜面醤…大さじ1
　豆板醤…大さじ½
B 鶏がらスープの素…小さじ1
　片栗粉…小さじ1
　水…½カップ

作り方
1 なすは縦6等分に切り、水にさらしてアクを抜き、ペーパータオルで水けを押さえる。**B**は混ぜ合わせておく。
2 フライパンにひき肉を入れて強めの中火で炒め、色が変わったら**A**を加え、香りが出るまで炒める。
3 なすを加え、全体に脂が回るまで炒め、蓋をして時々混ぜながら3分ほど炒める。よく混ぜた**B**を加え、とろみがつくまで炒める。

トマト缶を使えばなすの煮込みも簡単

ごろっとなすのミートボール

20分 フライパンひとつ

材料（2人分）
なす…2本
A 合いびき肉…200g
　玉ねぎ（極薄切り）…¼個分
　パン粉…½カップ
　塩…小さじ¼
　こしょう…少々
　ホールトマト缶（水煮）…大さじ3
B ホールトマト缶（水煮）…½缶
　にんにく（すりおろし）…小さじ1
　塩…小さじ½
粗びき黒こしょう…少々
オリーブ油…大さじ1
パセリ（みじん切り）…適宜

作り方
1 ボウルに**A**を入れてよくこね、6等分に丸める。なすは1.5cm幅の輪切りにし、水にさらしてアクを抜き、ペーパータオルで水けを押さえる。
2 フライパンにオリーブ油を熱し、強めの中火で**1**を両面焼きつけ、**B**を加え、蓋をして弱めの中火で途中混ぜながら10分ほど煮込む。
3 粗びき黒こしょうを加え、器に盛り、好みでパセリをふる。

大根おろしの旨味もプラス

なすと牛肉のしぐれ煮

15分 フライパンひとつ

材料（2人分）
なす…3本
牛切り落とし肉…150g
大根おろし
　…（軽く水けをきって）150g
A しょうゆ…大さじ1½
　みりん…大さじ2
　削り節…3g
　水…¾カップ
ごま油…大さじ1

作り方
1 なすは乱切りにし、水にさらしてアクを抜き、ペーパータオルで水けを押さえる。牛肉は一口大に切る。
2 フライパンにごま油を熱し、強めの中火で牛肉を色が変わるまで炒め、なすを加え、全体に焼き色がつくまで3分ほど炒める。**A**を加え、蓋をして中火で途中混ぜながら5分ほど煮込む。
3 大根おろしを散らし、蓋をして1分30秒ほど煮込む。

ピーマン

ピーマンはビタミンCの含有量が野菜の中でもトップクラス。調理しやすいピーマンは、炒め物や揚げ物、サラダなどで召し上がれ。

下ごしらえ&保存方法

切り目を入れる
ピーマンを丸ごと調理するときは、破裂するのを防ぐために切り目を入れる。

使いやすい形に切って冷凍
細切りなど、使いやすい形に切ってから冷凍用保存袋に入れ、冷凍する。凍ったまま炒めたり、煮たり、調理する。

冷凍 **3**週間

切り方のコツ

繊維の向きで食感を変える
シャキシャキの食感にしたいときは繊維に沿って細切りに、食べやすい食感にしたいときは繊維を断ち切るように切る。

約20個分

冷蔵作りおき

ピーマンとちくわのペペロンチーノ
→P155

冷蔵 **3**日 5個

ピーマンのツナごまマヨ
→P155

冷蔵 **3**日 5個

時短

ピーマンのさつま揚げ
→P156

15分 2個

ピーマンとさばのパン粉焼き
→P157

15分 2個

ピーマンのかにサラダ
→P156

10分 2個

ピーマンと玉ねぎとツナのドライカレー
→P157

10分 2個

ピーマン5個を一気に消費できる作りおきレシピ。ペペロンチーノ、ごまマヨ和え、オイスター炒めなど、それぞれの味わいを楽しんで。

ピーマンと旨味たっぷりの練り物は相性ばっちり

ピーマンとちくわのペペロンチーノ

冷蔵 3日　10分　レンチンだけ

材料（4人分）

ピーマン…5個(175g)
ちくわ…2本
A 赤唐辛子(輪切り)…½本分
　にんにく(すりおろし)
　　…小さじ1
　オリーブ油…大さじ1
　塩…小さじ¼

作り方

1 ピーマンは縦半分に切り、横5mm幅に切る。ちくわは薄い輪切りにする。
2 耐熱ボウルにピーマン、Aを入れてよく混ぜる。ちくわを上にかぶせるようにのせ、軽くラップをして電子レンジで1分30秒加熱し、よく混ぜる。

代わりの食材
ちくわの代わりに、はんぺんやかに風味かまぼこなどの練り製品を使ってもおいしくできます。そのまま焼きそばの具にしても◎。

ピーマンを細めに切ってツナとなじませて

ピーマンのツナごまマヨ

冷蔵 3日　10分　混ぜるだけ

材料（4人分）

ピーマン…5個(175g)
ツナ缶(オイル漬け)
　…大1缶(140g)
白すりごま…大さじ2
マヨネーズ…大さじ3
しょうが(すりおろし)
　…小さじ½

作り方

1 ピーマンは縦半分に切り、横5mm幅に切る。ツナ缶は油をきる。
2 ボウルに全ての材料を入れ、よく混ぜる。

Memo 食パンにのせて、オーブントースターで焼いてもおいしく食べられます。

日持ちもよく、お弁当のおかずにも◎

ピーマンとしめじのオイスター炒め

冷蔵 4日　10分　フライパンひとつで

材料（4人分）

ピーマン…5個(175g)
しめじ…2パック(200g)
桜えび(乾燥)…5g
A オイスターソース…大さじ1
　にんにく(すりおろし)
　　…小さじ½
　塩…小さじ¼
白いりごま…小さじ1
ごま油…大さじ1

作り方

1 ピーマンは縦に6等分に切る。しめじは石づきを落とし、ほぐす。Aは混ぜ合わせておく。
2 フライパンにごま油と桜えびを熱し、強めの中火でしめじを焼き色がつくまで炒める。ピーマン、Aを加えて炒め、白いりごまをふる。

Memo ここではしめじを使っていますが、きのこは何でもOK！春巻きの具にしてもおいしいです。

縦書き：ピーマン　冷凍　冷蔵　時短　かさまし

155

15分

ポリ袋でたねを作ればラクちん

ピーマンのさつま揚げ

材料（2人分）

ピーマン…2個(70g)
片栗粉…小さじ1
A はんぺん…1枚(80g)
　長ねぎ（みじん切り）
　　…¼本分
　片栗粉…大さじ1
　酒…大さじ1
　しょうが（すりおろし）
　　…小さじ½
ごま油…小さじ1

作り方

1 ポリ袋に**A**を入れ、はんぺんがなめらかになるように揉み込み、4等分にする。
2 ピーマンは縦半分に切って種を取り除き、内側に片栗粉をふり、**1**を詰める。
3 フライパンにごま油を熱し、すり身を下にして入れ、蓋をして中火で3〜4分焼く。

15分

揚げないからさっぱり食べられる

ピーマンのさっぱり揚げ浸し風

材料（2人分）

ピーマン…4個(140g)
ごま油…大さじ½
A ポン酢しょうゆ…大さじ2
　桜えび（乾燥）…2g
　白いりごま…小さじ1

作り方

1 耐熱ボウルに**A**を入れ、ラップをしないで電子レンジで2分加熱し、煮立たせる。
2 ピーマンは包丁で切り目を入れ（P154参照）、耐熱皿にのせ、ごま油をかけて和える。軽くラップをして電子レンジで3分加熱し、**1**に加えて浸す。

Memo ピーマンを種ごと食べるのがおいしいです。ぺろっと食べられるので多めに作ってもいいですね。

混ぜるだけ10分

ピーマンとかにかまを和えるだけ

ピーマンのかにサラダ

材料（2人分）

ピーマン…2個(70g)
かに風味かまぼこ…100g
A マヨネーズ…大さじ2
　白すりごま…大さじ1
　しょうゆ…小さじ1

作り方

1 ピーマンは縦半分に切り、横5mm幅に切る。かにかまは粗めにほぐす。
2 ボウルに**1**、**A**を入れ、よく和える。

代わりの食材
かに風味かまぼこをほかの練り製品に代えてもおいしくできます。かさましでゆでたきのこを加えても◎。

手軽に素早くできる時短レシピをご紹介。ピーマンは切り方で食感が変わり、繊維を断ち切るように横に切ると食べやすくなるので
サラダなどに、繊維に沿って縦に切るとシャキシャキ食感を味わえるので炒め物などにおすすめです。

レンチンで作る簡単きんぴら

ピーマンとじゃこの塩きんぴら

5分 レンチンだけ

材料(2人分)
ピーマン…3個(105g)
ちりめんじゃこ…8g
白いりごま…小さじ1
ごま油…大さじ½
赤唐辛子(輪切り)…小さじ½
塩…小さじ¼

作り方
1 ピーマンは縦半分に切り、縦に細切りにする。
2 耐熱ボウルにちりめんじゃこ、ごま油、赤唐辛子、塩を入れて混ぜ、ラップをしないで電子レンジで30秒加熱し、1、白いりごまを加え、よく混ぜる。

Memo ちりめんじゃこの塩気と赤唐辛子の辛さがお弁当にぴったり!

トースターでできるボリュームメニュー

ピーマンとさばのパン粉焼き

15分 トースターだけ

材料(2人分)
ピーマン…2個(70g)
A マヨネーズ…大さじ2
粗びき黒こしょう…少々
さば缶(水煮)
…1缶(190gうち固形140g)
ピザ用チーズ…大さじ2
パン粉…大さじ1
粗びき黒こしょう…少々
オリーブ油…小さじ1

作り方
1 ピーマンは縦半分に切って横5mm幅に切り、Aと和える。
2 さば缶は水けをきる。
3 耐熱の器にオリーブ油を塗り、2を粗めにほぐして入れる。1を全体に広げてのせ、チーズ、パン粉、粗びき黒こしょうの順にかけ、オーブントースターでパン粉に焼き色がつくまで8〜10分焼く。

パンに挟んでもおいしい!

ピーマンと玉ねぎとツナの
ドライカレー

10分 フライパンひとつで

材料(2人分)
ピーマン…2個(70g)
玉ねぎ…½個
ツナ缶(オイル漬け)…大1缶(140g)
A カレー粉…大さじ1
しょうが(すりおろし)…小さじ1
にんにく(すりおろし)…小さじ1
中濃ソース…大さじ2
塩…小さじ¼
粗びき黒こしょう…少々
オリーブ油…大さじ½
温かいごはん…2人分

作り方
1 ピーマン、玉ねぎは粗みじん切りにする。
2 ツナ缶は油をきる。
3 フライパンにオリーブ油を熱し、強めの中火で2とAを炒め、1と中濃ソースを加えてさらに炒め、塩、粗びき黒こしょうで味をととのえる。
4 器にそれぞれごはんを盛り、3をかける。

青菜

ほうれん草、小松菜、チンゲン菜、春菊などの青菜は、あまり日持ちしません。特売で大量買いした時は、適切に保存して食べ切って。

下ごしらえ&保存方法

ラップに包み、電子レンジで加熱
洗って水けをきり、ラップに包み、電子レンジで加熱する。ほうれん草は流水に浸してアクを抜き、水けを絞る。

生のままざく切りにして冷凍
洗って水けをきり、根を切り落とし、茎は3cm、葉は1cmに切って冷凍用保存袋に入れて冷凍する。

冷凍 **3**週間

約5束分

冷蔵作りおき

小松菜と卵のお浸し →P159
冷蔵 **2**日 **2**束

小松菜と豚肉のスパイシーそぼろ→P159
冷蔵 **3**日 **2**束

時短

チンゲン菜とハムのクリーム煮 →P160
15分 **2**株

ほうれん草と桜えびのエスニック浸し →P161
20分 **1**束

春菊棒餃子 →P160
20分 **1/2**袋

春菊とりんごのチョレギサラダ →P161
10分 **1/2**袋

冷蔵作りおきRecipe

献立の一品に役立つ、お浸し、そぼろ、おかか和えを青菜2束を使って
たっぷり作りましょう。毎日のビタミン補給におすすめです。

青菜 / 冷凍 / 冷蔵 / 時短 / かさまし

小松菜に卵をプラスしてボリュームアップ

小松菜と卵のお浸し

冷蔵 2日 / 15分 / フライパン + 鍋

材料（4人分）
小松菜…2束（400g）
A 卵…3個
　塩…少々
B 削り節…3g
　しょうゆ…大さじ1
　みりん…大さじ1
　酒…大さじ2
　水…1½カップ
　塩…小さじ¼

作り方
1 フッ素樹脂加工のフライパンを熱し、よく溶いたAを入れ、強めの中火で炒り卵を作る。
2 小松菜は茎を4cm幅、葉を1.5cm幅に切る。
3 鍋にBを入れて火にかけ、煮立ったら小松菜の茎を加えて1分30秒〜2分煮る。葉を加えてさらに1分ほど煮て火を止める。粗熱が取れたら炒り卵を加える。

調理のPoint
炒り卵は半熟にせず、しっかり火を通しましょう。

カレー風味でしっかりした味つき。そぼろ丼にしても◎

小松菜と豚肉のスパイシーそぼろ

冷蔵 3日 / 10分 / フライパンひとつで

材料（4人分）
小松菜…2束（400g）
豚ひき肉…200g
カレー粉…大さじ1
にんにく（すりおろし）…大さじ½
しょうゆ…大さじ1½
塩…小さじ¼
粗びき黒こしょう…小さじ½

作り方
1 小松菜は1cm幅に切り、茎と葉を分ける。
2 フライパンにひき肉を入れて強めの中火で炒め、色が変わったらにんにく、カレー粉を加える。香りが出たら小松菜の茎、しょうゆ、塩を加え、2分ほど炒め、葉と粗びき黒こしょうを加え、さっと炒める。

ほうれん草は鍋でゆでず、レンチン加熱

ほうれん草とえのきのおかか和え

冷蔵 4日 / 10分 / レンチンだけ

材料（4人分）
ほうれん草…2束（400g）
えのきだけ…2袋（200g）
しょうゆ…大さじ1
みりん…大さじ2
削り節…5g

作り方
1 ほうれん草は洗って軽く水けをきり、1束ずつラップに包み、電子レンジで3分加熱する。流水に浸してアクを抜き、水けをしっかり絞り、4cm幅に切る。えのきは石づきを落とし、長さを半分に切ってほぐす。
2 耐熱ボウルにえのき、しょうゆ、みりんを加え、軽くラップをして電子レンジで3分加熱する。ほうれん草、削り節を加え、よく混ぜる。

調理のPoint
ほうれん草は電子レンジで加熱したあと、流水に浸し、しっかり水分を絞りましょう。切ったあとにもう一度絞ると、水っぽさがなくなります。

レンチンだけ 10分

塩昆布と塩麹の旨味を味わう

小松菜ともやしの塩昆布麹和え

材料（2人分）

小松菜…1束（200g）
もやし…½袋（100g）
A 塩昆布（刻む）…3g
　塩麹…大さじ1
　ごま油…大さじ½

作り方

1 小松菜は茎を4cm幅、葉を1.5cm幅に切る。
2 耐熱ボウルに1、もやしを入れ、軽くラップをして電子レンジで5分加熱する。底の余分な水分をペーパータオルで取り除き、Aを加え、よく混ぜる。

調理のPoint

電子レンジで加熱したときに出た水分をしっかり取り除くと、水っぽくならず、調味料も少なくてすみます。

フライパンひとつで 15分

くせのないチンゲン菜を使ってまろやかに

チンゲン菜とハムのクリーム煮

材料（2人分）

チンゲン菜…2株
長ねぎ…½本
ハム…4枚
A 牛乳…1カップ
　鶏がらスープの素…小さじ1
水溶き片栗粉…片栗粉大さじ½
　＋水大さじ½
粗びき黒こしょう…少々
ごま油…小さじ1

作り方

1 チンゲン菜は長さを3等分に切り、根元は縦6等分に切る。長ねぎは斜め薄切りにする。ハムは半分に切り、1cm幅に切る。
2 フライパンにごま油を熱し、中火で長ねぎをしんなりするまで炒め、ハム、チンゲン菜の茎を加えてさっと炒める。Aを加え、煮立ったらチンゲン菜の葉を加え、水溶き片栗粉を加えてとろみがつくまで強めの中火で煮詰め、粗びき黒こしょうをふる。

フライパンひとつで 20分

包まない、皮を重ねるだけのラクちん餃子

春菊棒餃子

材料（2人分）

春菊…½袋（100g）
餃子の皮…10枚
A 豚ひき肉…150g
　オイスターソース…大さじ½
　鶏がらスープの素…小さじ1
　しょうが（すりおろし）
　　…小さじ1
　粗びき黒こしょう…少々
　片栗粉…大さじ1
水溶き片栗粉…片栗粉大さじ½
　＋水大さじ½
サラダ油…大さじ1
タレ…しょうゆ大さじ½
　＋酢大さじ½＋ラー油少々

作り方

1 春菊は5mm幅に切り、Aと一緒によく混ぜる。10等分にして餃子の皮の中心におき、皮の両端を重ね、水溶き片栗粉でとめる。
2 フライパンにサラダ油を熱し、強めの中火で1をとじめから焼き、焼き色がついたらひっくり返す。水¼カップを回しかけ、蓋をして弱火で5分ほど焼き、最後に強めの中火で水分を飛ばすように焼きつける。
3 器に盛り、タレを添える。

青菜はレンジで加熱するのが手軽。また、火が通りやすいので、炒め物や煮物も短時間でおいしく仕上がります。
細かく刻んで餃子の具にするのもおすすめの食べ方です。

香ばしい桜えびとナンプラーの旨みがポイント

ほうれん草と桜えびのエスニック浸し

20分　レンチンだけ

材料（2人分）
ほうれん草…1束（200g）
A 桜えび（乾燥）…3g
　サラダ油…大さじ½
　にんにく（すりおろし）
　　…小さじ½
B ナンプラー…小さじ1
　赤唐辛子（輪切り）…½本分
　酒…大さじ1
　水…½カップ

作り方
1 ほうれん草は洗ってラップに包み、電子レンジで3分加熱する。流水に浸してアクを抜き、水けを絞って4cm幅に切る。
2 耐熱ボウルにAを入れて混ぜ、ラップをしないで電子レンジで30秒加熱する。Bを加え、さらに2分加熱する。
3 2に1を加え、10分以上浸す。

苦味のある春菊がりんごの香りと甘味で食べやすく

春菊とりんごのチョレギサラダ

10分　混ぜるだけ

材料（2人分）
春菊…½袋（100g）
りんご…¼個
長ねぎ…¼本
A ごま油…大さじ1
　しょうゆ…大さじ½
　酢…大さじ½
　白いりごま…小さじ1
　砂糖…小さじ1
　塩…小さじ¼

作り方
1 春菊は葉をちぎり、長ねぎは斜め極薄切りにし、一緒に水にさらして水けをきり、冷蔵庫で冷やす。りんごは皮ごと極薄いちょう切りにし、塩水につけ、水けをきる。
2 1をよく混ぜて器に盛り、よく混ぜたAをかける。

あさりの旨みを汁ごとあんかけに

小松菜のあさりあんかけ

10分　フライパンひとつで

材料（2人分）
小松菜…1束（200g）
長ねぎ…½本
あさり缶（水煮）
　…1缶（155gうち固形130g）
しょうが（すりおろし）
　…小さじ½
酒…大さじ2
塩…少々
水溶き片栗粉…片栗粉小さじ1
　＋水大さじ½
ごま油…小さじ1

作り方
1 小松菜は茎を4cm幅、葉を1.5cm幅に切る。長ねぎは斜め薄切りにする。
2 フライパンにごま油を熱し、強めの中火で長ねぎを香りが出るまで炒め、小松菜の茎を加えて炒める。全体に油が回ったら葉を加え、さっと炒め、塩で軽く下味をつけ、器に取り出す。
3 同じフライパンにあさり缶を汁ごと入れ、酒、しょうが、水溶き片栗粉を加え、とろみがつくまで強めの中火で煮立たせ、2にかける。

キャベツ

part 3

春と冬が旬のキャベツ。ビタミンUやC、K、葉酸などを含みます。季節によって産地が変わり、一年中楽しめる野菜です。

保存方法

ペーパータオル＆ラップ

冷蔵 **1週間**

切り口が乾燥しないように、ペーパータオルで包んだ後、ラップをして冷蔵庫の野菜室で保存する。

切り方のコツ

手でちぎる

大きめに使いたいときは、手でちぎった方がしゃきっとした食感になります。

約1kg×2個分

冷蔵作りおき

キャベツとコーンのコールスロー
→P163

冷蔵 **4日**   ½個

キャベツとわかめのナムル
→P163

冷蔵 **4日** ½個

時短

キャベツとしょうがの炒め風
→P164

10分   ¼個

キャベツと厚揚げの旨だし煮
→P165

15分   ¼個

キャベツたっぷりお好み焼き
→P164

15分   ¼個

キャベツとコンビーフのマヨ炒め→P165

10分   ¼個

冷蔵作りおきRecipe

煮込みやコールスロー、ナムルをたっぷり作って、一度にキャベツ½個を消費しましょう。晩ごはんのおかずはもちろん、お弁当の一品にも。

冷蔵 4日　20分　レンチン + 鍋

レンチンキャベツとウインナーでラクラク

キャベツとウインナーの
ロールキャベツ

材料（4人分）

キャベツ…8枚
ウインナーソーセージ…8本
A ローリエ…1枚
　塩…小さじ1
　酒…大さじ2
こしょう…少々

作り方

1 キャベツはラップに包み、電子レンジで4分加熱して粗熱を取り、ウインナーを1本ずつ巻く。
2 鍋に1を入れ、ひたひたの水3カップ、Aを加えて火にかける。煮立ったら、落とし蓋をしてから蓋をし、弱めの中火で15分ほど煮て、こしょうを加える。

冷蔵 4日　15分　混ぜるだけ

コーンの甘味と食感がうれしい

キャベツとコーンのコールスロー

材料（4人分）

キャベツ…½個(500g)
セロリ…1本
塩…小さじ½
コーンホール缶…100g
A 酢…大さじ1
　はちみつ…大さじ1
　オリーブ油…大さじ1
　粗びき黒こしょう…少々
塩…少々

作り方

1 キャベツはせん切り、セロリは斜め薄切りにし、塩小さじ½を揉み込む。10分ほどおき、水けをしっかり絞る。コーン缶は汁けをきる。
2 ボウルに1、Aを入れてよく混ぜ、塩少々で味をととのえる。

Memo マヨネーズを使っていないので、さっぱり食べられ、まとめて作っておいても食べ飽きません。

冷蔵 4日　10分　レンチンだけ

わかめは戻さず、そのままレンチン

キャベツとわかめのナムル

材料（4人分）

キャベツ…½個(500g)
わかめ(乾燥)…5g
酒…大さじ2
A 白いりごま…大さじ1
　ごま油…大さじ1
　塩…小さじ⅓
　しょうが(すりおろし)
　　…小さじ1
　しょうゆ…小さじ1

作り方

1 キャベツは一口大にちぎり、芯は薄切りにする。
2 耐熱ボウルにわかめ、キャベツの順に入れ、酒を回しかけ、軽くラップをして電子レンジで4分加熱する。Aを加え、よく混ぜる。

Memo 乾燥わかめは保存がきき、カットしてあるものを使えば手軽です。

キャベツ　冷凍　冷蔵　時短　かさまし

レンチンだけ 10分

キャベツとしょうがの炒め風

レンチンでさっぱりしょうが炒め

材料（2人分）
キャベツ…¼個(250g)
A 鶏がらスープの素…大さじ½
　しょうが(すりおろし)
　　…小さじ½
　ごま油…大さじ1
　白いりごま…小さじ1

作り方
1 キャベツは一口大にちぎり、耐熱ボウルに入れ、軽くラップをして電子レンジで3分加熱し、底の余分な水分をペーパータオルで取り除く。
2 Aを加え、よく混ぜる。

Memo 加熱しているのでお弁当に入れても◎。しょうがをにんにくに代えてもおいしくできます。

レンチンだけ 10分

キャベツのミートソース煮

ケチャップと中濃ソースで間違いないおいしさ

材料（2人分）
キャベツ…¼個(250g)
A 合いびき肉…150g
　レッドキドニービーンズ
　　(水煮)…100g
　トマトケチャップ…大さじ3
　中濃ソース…大さじ2
　塩…小さじ¼
　こしょう…少々

作り方
1 キャベツは一口大にちぎり、芯は薄切りにする。
2 耐熱ボウルにAを入れてよく混ぜ、ラップをしないで電子レンジで5分加熱する。一度取り出してよく混ぜ、キャベツを上にのせる。ラップをしないでさらに5分加熱し、キャベツにミートソースがからむようによく混ぜる。

調理のPoint
電子レンジでひき肉を加熱するときは、途中で一度、取り出して混ぜると、ムラがなく仕上がります(P78参照)。

フライパンひとつで 15分

キャベツたっぷりお好み焼き

キャベツの甘味がうれしい!

材料（2人分）
キャベツ…¼個(250g)
豚バラ薄切り肉…5枚
塩・こしょう…各少々
A 小麦粉…70g
　卵…1個
　削り節…3g
　しょうゆ…大さじ1
　水…60㎖
卵…2個
サラダ油…大さじ1
B 中濃ソース…大さじ3
　マヨネーズ…大さじ2
　青のり・削り節…各少々

作り方
1 キャベツはせん切りにする。豚肉は長さを半分に切り、塩、こしょうをふる。
2 ボウルにAを入れてよく混ぜ、キャベツを加えてさらに混ぜる。
3 フライパンにサラダ油の半量を熱し、中心に豚肉の半量を敷く。その上に2の半量をのせて中火で5分ほど焼く。一度取り出し、フライパンに卵1個を割り入れ、お好み焼きをひっくり返して卵の上にのせ、さらに5分ほど焼く。同じものをもう1枚作る。器に盛り、Bをかける。

生で食べるとカサが減らないキャベツも、炒めたり、煮たりするとたっぷり食べられます。キャベツとミートソースの相性も抜群。
お好み焼きにもたくさん入れてモリモリいただきましょう。

削り節のだしがキャベツに染みる

キャベツと厚揚げの旨だし煮

(15分／フライパンひとつ)

材料（2人分）
キャベツ…¼個(250g)
厚揚げ…1枚(200g)
A 削り節…3g
　塩…小さじ½
　水…1¾カップ
しょうゆ…小さじ1

作り方
1 キャベツは縦半分に切る。厚揚げはペーパータオルでしっかり油を押さえ、8等分に切る。
2 フライパンに厚揚げを入れて強めの中火で焼き、うっすら焦げ目がついたらキャベツ、Aを加え、落とし蓋をしてから蓋をし、10分ほど煮込み、しょうゆを回しかける。

代わりの食材
厚揚げの代わりに焼き豆腐を入れても、味が染みておいしく食べられます。

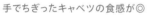
手でちぎったキャベツの食感が◎

キャベツのホイコーロー

(10分／フライパンひとつ)

材料（2人分）
キャベツ…¼個(250g)
豚バラ薄切り肉…150g
長ねぎ…½本
A 甜麺醤…大さじ1
　豆板醤…大さじ½
B 鶏がらスープの素
　　…小さじ1
　酒…大さじ1
塩…小さじ¼
こしょう…少々
ごま油…大さじ½

作り方
1 キャベツは大きめにちぎり、長ねぎは1cm幅の斜め切り、豚肉は7cm幅に切る。
2 フライパンにごま油を熱し、強めの中火で豚肉を両面に焼き色がつくまで焼き、Aを加え、香りが出るまで炒める。長ねぎ、キャベツ、Bを加えて炒め、塩、こしょうで味をととのえる。

マヨネーズで炒めて簡単コク出し

キャベツとコンビーフのマヨ炒め

(10分／フライパンひとつ)

材料（2人分）
キャベツ…¼個(250g)
コンビーフ缶…1缶(80g)
にんにく（すりおろし）
　…小さじ½
マヨネーズ…大さじ3
塩…小さじ¼
粗びき黒こしょう…少々

作り方
1 キャベツは1cm幅に切る。
2 フライパンにマヨネーズ、にんにくを入れて熱し、強めの中火でキャベツを炒め、全体に油が回ったらコンビーフを崩しながら加え、塩、粗びき黒こしょうで味をととのえる。

代わりの食材
コンビーフ缶がないときは、ウインナーソーセージやベーコンで代用することもできます。

白菜

みずみずしくて甘味のある旬の白菜は、1個丸ごと買って使い切りたいもの。クセのない野菜なので、どんな味にもよく合います。

下ごしらえ&保存方法

ポリ袋に入れて塩を揉み込み、密封する
白菜を刻んでポリ袋に入れ、塩をまぶして揉み込み、空気を抜くように密封する。10分ほどおき、水けをしっかり絞る。

ペーパータオル&ラップに包む
切り口にペーパータオルをのせ、ラップに包み、冷蔵庫の野菜室で保存する。

冷蔵 **5日**

約 2kg 1個分

冷蔵作りおき

白菜のエスニック炒め →P167
冷蔵 **3日** 1/4個

白菜のにんにく昆布漬け →P167
冷蔵 **4日** 1/4個

時短

白菜とえびの琥珀あん →P168
15分 1/8個

白菜とカマンベールのロースト →P169
20分 1/8個

白菜と豚バラのみそバター →P168
10分 1/8個

白菜とジンジャーレモンのマリネ →P169
10分 1/8個

冷蔵作りおきRecipe

白菜¼個を使い切る炒め物、サラダ、漬け物をご紹介。火を通すととろとろのやわらかさに、生で食べるとシャキシャキの食感を味わえます。

さっぱりした白菜にカレー粉でしっかり味つけ

白菜のエスニック炒め

冷蔵 3日 / 15分 / フライパンひとつで

材料 (4人分)

白菜…¼個 (500g)
豚ひき肉…200g
しょうが (すりおろし) …小さじ1
カレー粉…大さじ1
小麦粉…大さじ1½
ナンプラー…大さじ1½

作り方

1 白菜は横1cm幅に切る。
2 フライパンにひき肉としょうがを入れて強めの中火で炒め、色が変わったらカレー粉、小麦粉を加えて炒める。
3 1とナンプラーを加え、しんなりするまで炒める。

調理のPoint

白菜は横に切ると繊維が切れてやわらかくなり、縦に繊維に沿って切るとシャキシャキした食感になるので、レシピによって使い分けるといいでしょう。

すりごまとポン酢も入って止まらない味

白菜とツナのごまマヨサラダ

冷蔵 3日 / 15分 / 混ぜるだけ

材料 (4人分)

白菜…¼個 (500g)
塩…小さじ½
ツナ缶 (オイル漬け)
　…大1缶 (140g)
A 白すりごま…大さじ2
　マヨネーズ…大さじ2
　ポン酢しょうゆ…大さじ1

作り方

1 白菜は横5mm幅に切り、ポリ袋に入れて塩をまぶして揉み込み、空気を抜くように密封する。10分ほどおき、水けをしっかり絞る。ツナ缶は油をきり、粗めにほぐす。
2 ボウルに1、Aを入れてよく混ぜる。

調理のPoint

横に細く切ると、調味料とのなじみもよくなります。

家で作れる簡単漬物。水けをしっかり絞って!

白菜のにんにく昆布漬け

冷蔵 4日 / 30分 / 混ぜるだけ

材料 (4人分)

白菜…¼個 (500g)
塩…小さじ½
A にんにく (すりおろし)
　…小さじ½
　切り昆布…5g
　赤唐辛子 (輪切り)
　…½本分

作り方

1 白菜は横5mm幅に切り、ポリ袋に入れて塩をまぶして揉み込み、空気を抜くように密封する。10分ほどおき、水けをしっかり絞る。
2 ボウルに1、Aを入れて混ぜ、冷蔵庫で15分以上おく。

Memo 日が経って酸味が出てきたら、スープや炒めものにして食べ切っても。

レンチンだけ 15分

材料を全部入れて電子レンジで加熱するだけ

白菜の煮浸し

材料（2人分）
白菜…1/8個（250g）
A ゆずこしょう…小さじ1/2
　削り節…3g
　酒…大さじ2
　しょうゆ…大さじ1/2
　みりん…大さじ1
　塩…小さじ1/4
　水…1/2カップ

作り方
1 白菜は横3cm幅に切る
2 耐熱ボウルに1とAを入れ、軽く
　ラップをして電子レンジで8分加
　熱し、そのまま2分ほどおき、よ
　く混ぜる。

あんかけまで耐熱ボウル1つでできる

白菜とえびの琥珀あん

レンチンだけ 15分

材料（2人分）
白菜…1/8個（250g）
むきえび…100g
片栗粉…適量
塩…小さじ1/4
A しょうゆ…大さじ1
　みりん…大さじ1
　削り節…3 g
　しょうが（すりおろし）
　　…小さじ1/2
　片栗粉…大さじ1/2
　蒸し汁・水
　　…合わせて1/2カップ

作り方
1 白菜は横3cm幅に切る。えびは片栗
　粉大さじ1をよく揉み込み、流水で
　洗い、ペーパータオルで水けをしっ
　かり押さえる。半分に切り、片栗粉
　小さじ1をまぶす。
2 耐熱ボウルに白菜の1/2量、えび、白
　菜の1/2量の順に入れ、塩をふる。軽
　くラップをして電子レンジで5分加
　熱し、そのまま2分ほどおき、よく
　混ぜる。白菜とえびを器に盛り、蒸
　し汁は取っておく。
3 同じ耐熱ボウルにAを入れて混ぜ、
　ラップをしないで電子レンジで2分
　加熱し、混ぜてとろみをつけ、白菜
　とえびにかける。

さっぱり白菜と豚バラの脂がマッチ

白菜と豚バラのみそバター

レンチンだけ 10分

材料（2人分）
白菜…1/8個（250g）
豚バラ薄切り肉…100g
塩…小さじ1/4
粗びき黒こしょう…少々
片栗粉…大さじ1/2
A みそ…小さじ2
　バター…10g

作り方
1 白菜は横5cm幅に切り、白い部分
　と葉を分ける。豚肉は長さを半分
　に切り、塩、粗びき黒こしょう、
　片栗粉をまぶす。
2 耐熱ボウルに白菜の白い部分1/2量、
　豚肉の1/2量を順にくり返し重ね、
　最後に白菜の葉をのせる。軽く
　ラップをして電子レンジで5分加
　熱し、1分ほどおく。Aを加え、
　全体にからめるように混ぜる。

白菜は水分が多いので、レンジ調理向き。ゆでる、煮る、炒め煮など、レンジでほったらかしで完成です。シャキシャキ食感が味わえるサラダやマリネ、定番のスープもおすすめ。

とろっとしたチーズをからめて召し上がれ

白菜とカマンベールのロースト

材料（2人分）
白菜…1/8個（250g）
カマンベールチーズ（ホール）
　…1個
塩…小さじ1/4
粗びき黒こしょう…適量
バター…10g

作り方
1 白菜は横2cm幅に切る。
2 フライパンにバターを熱し、強めの中火で白菜を炒め、塩、粗びき黒こしょう少々で下味をつける。カマンベールをのせ、蓋をして弱めの中火で3分ほど焼き、カマンベールがやわらかくなったら仕上げに粗びき黒こしょうをふる。

（ 代わりの食材
カマンベールチーズがなければ、ピザ用チーズでも作れます。 ）

白菜の甘味が感じられるさっぱりマリネ

白菜とジンジャーレモンのマリネ

材料（2人分）
白菜…1/8個（250g）
塩…適量
レモン…1/2個
A しょうが（すりおろし）
　　…小さじ1/2
　はちみつ…大さじ1/2
　粗びき黒こしょう…少々
　オリーブ油…大さじ1/2

作り方
1 白菜は横1cm幅に切り、ポリ袋に入れて塩小さじ1/3を揉み込み、空気を抜くように密封する。10分ほどおき、水けをしっかり絞る。レモンは5mm幅に2枚輪切りにして細かく刻み、残りは搾る。
2 ポリ袋に1、Aを入れてよく混ぜ、塩少々で味をととのえる。

あさり缶で簡単に。白菜の甘味が引き立つ

白菜のクラムチャウダー

材料（2人分）
白菜…1/8個（250g）
あさり缶（水煮）
　…1缶（155gうち固形130g）
ベーコン…2枚
玉ねぎ…1/4個
塩…適量
粗びき黒こしょう…少々
小麦粉…大さじ1 1/2
牛乳…1 1/2カップ
ローリエ…1枚
バター…10g
パセリ（みじん切り）…適宜

作り方
1 白菜は縦半分に切り、1cm幅に切る。玉ねぎは薄切り、ベーコンは1cm幅に切る。
2 鍋にバターとベーコンを熱し、玉ねぎ、白菜、塩小さじ2/3を加え、中火で焦がさないように炒める。しんなりしたら小麦粉をまぶして炒め、あさり缶を汁ごと、牛乳、ローリエを加え、蓋をして弱火で10分ほど煮込む。塩少々、粗びき黒こしょうで味をととのえる。
3 器に盛り、好みでパセリをふる。

白菜
冷凍
冷蔵
時短
かさまし

大根

冬が旬の大根は、丸々と太く、みずみずしい味わい。安いときにまとめて買って、煮物や漬け物、炒め物などで使い切って。

下ごしらえ&保存方法

煮物の前にレンチンを

大根の煮物を作るときは、切った大根を耐熱ボウルに入れて、レンチンしておくと、火の通りが早くなり、時短に。

切り口はぴっちりラップで

大根を切り分けたら、切り口を包むようにぴっちりとラップをし、冷蔵庫の野菜室で保存します。

冷蔵 **1**週間

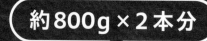
約800g×2本分

冷蔵作りおき

大根と豚ひき肉のみそ煮→P171
冷蔵 **3**日 ½本

大根と鶏肉の甘辛炒め煮→P171
冷蔵 **3**日 ½本

時短

ゆず大根→P172
10分 約⅓本

大根と豚バラのトマト煮→P173
20分 約⅓本

大根の蒸し餃子風→P172
15分 輪切り24枚

大根とかにかまのゆずマヨサラダ→P173
10分 約⅓本

冷蔵作りおきRecipe

大根½本を消費できる煮物、和え物を紹介。味染みのいい大根は、しっかりめのピリ辛味や甘辛味でごはんの進むおかずに。

大根

冷凍 冷蔵 時短 かさまし

豆板醤がほどよい辛さのこっくり味

大根と豚ひき肉のみそ煮

冷蔵 3日 / 20分 / フライパンひとつで

材料 (4人分)

大根…½本(400g)
豚ひき肉…200g
みそ…大さじ2
豆板醤…大さじ½
みりん…大さじ1
しょうが(すりおろし)…小さじ1

作り方

1 大根は1cm角に切る。
2 フライパンにひき肉を入れて強めの中火で炒め、豆板醤、みそ加えて炒める。香りが出たら1を加え、全体に味がなじむように炒める。みりんを加え、落とし蓋をしてから蓋をし、中火で途中混ぜながら5〜6分煮る。
3 しょうがを加え、強火で水分を飛ばすように炒めからめる。

調理のPoint

水分をしっかり飛ばすと、水っぽくならず、日持ちもよくなります。ごはんにのせて、丼にしても◎。

鶏肉の脂が大根によく染みておいしい

大根と鶏肉の甘辛炒め煮

冷蔵 3日 / 20分 / フライパンひとつで

材料 (4人分)

大根…½本(400g)
鶏もも肉…2枚
しょうゆ…大さじ1½
砂糖…大さじ2
酒…大さじ2
赤唐辛子(輪切り)
　…½本分
削り節…5g
ごま油…小さじ1

作り方

1 大根は一口大の乱切りにする。鶏肉はペーパータオルで水けをしっかり押さえ、厚みのある部分は開き、余分な脂を取り除いて一口大に切る。
2 フライパンにごま油と赤唐辛子を熱し、強めの中火で鶏肉を色が変わるまで炒め、大根を加えてうっすら焼き色がつくまで3〜4分炒め、酒を加え、さらに炒める。
3 削り節、砂糖、ひたひたの水1カップを加え、落とし蓋をしてから蓋をし、中火で10分ほど煮込む。しょうゆを加え、強めの中火で3〜4分煮からめる。

箸休めやお酒のおつまみにぴったりのピリ辛味

大根となめたけのピリ辛和え

冷蔵 4日 / 15分 / 混ぜるだけ

材料 (4人分)

大根…½本(400g)
塩…小さじ¼
なめたけ(市販)…50g
赤唐辛子(輪切り)…½本分

作り方

1 大根は細いせん切りにしてポリ袋に入れ、塩を揉み込み、空気を抜くように密封する。10分ほどおき、水けを絞る。
2 ボウルに1、なめたけ、赤唐辛子を入れてよく混ぜる。

調理のPoint

大根をせん切りにするのが大変なときは、スライサーを活用して。

レンチンだけ
10分

レンチンで簡単! ゆずの風味が◎
ゆず大根

材料 (2人分)

大根…約1/3本(300g)
ゆず皮…少々
塩麹…大さじ1½
白いりごま…大さじ½

作り方

1 大根は7mm角の拍子木切りにし、耐熱ボウルに入れる。ゆず皮を加えてよく混ぜ、軽くラップをして電子レンジで3分加熱する。

2 1の底の水分をペーパータオルで取り除き、塩麹、白いりごまを加えてよく混ぜる。

調理のPoint

ゆずは季節ものなので、手に入らないときは、乾燥したものやフリーズドライを使うと◎。

フライパンひとつで
15分

大根の食感が楽しいヘルシー餃子
大根の蒸し餃子風

材料 (2人分)

大根(薄い輪切り)…24枚
塩…小さじ¼
片栗粉…大さじ1
A 鶏ひき肉…150g
　大根の茎(または万能ねぎ/小口切り)…50g
　しょうが(すりおろし)
　　…小さじ½
　片栗粉…大さじ1
　鶏がらスープの素…小さじ1
ごま油…大さじ½
ポン酢しょうゆ…適宜

作り方

1 大根は塩をまぶして10分ほどおき、ペーパータオルで水けを押さえ、全面に片栗粉をまぶす。

2 よく混ぜたAを1で挟み、密着させる。

3 フライパンにごま油を熱し、強めの中火で2を焼き色がつくまで焼き、ひっくり返し、蓋をしてさらに5分ほど焼く。好みでポン酢を添える。

レンチンだけ
15分

買いおきのさば缶があればすぐ作れる
大根とさばのみそ煮

材料 (2人分)

大根…約1/3本(300g)
さば缶(水煮)
　…1缶(190gうち固形140g)
A みそ…大さじ1½
　みりん…大さじ1
　赤唐辛子(輪切り)…½本分

作り方

1 大根は大きめの乱切りにし、耐熱ボウルに入れ、軽くラップをして電子レンジで5分加熱し、そのまま2分ほどおく。

2 水けをきり、半分にほぐしたさば缶を1にのせ、よく混ぜたAを回しかけ、軽くラップをして電子レンジで6分加熱する。いったん取り出してよく混ぜ、ラップをし直し、そのまま2分おく。

大根といえば煮物ですが、時間がかかってしまいがち。あらかじめレンジ加熱をしておけば、煮る時間も短く、味もしっかり染み込みます。油で焼く大根もみずみずしさが引き立つおいしさです。

レンチン大根と薄切り肉で火の通りも早い

大根と豚バラのトマト煮

20分 レンチン + フライパン

材料（2人分）

大根…約1/3本（300g）
豚バラ薄切り肉…150g
A ホールトマト缶（水煮）…1/2缶
　中濃ソース…大さじ1
　にんにく（すりおろし）
　　…小さじ1
　塩…小さじ2/3
　水…1/2カップ
粗びき黒こしょう…少々
バター…10g
パセリ（みじん切り）…適宜

作り方

1 大根は一口大の乱切りにし、耐熱ボウルに入れ、軽くラップをして電子レンジで5分加熱し、そのまま2分ほどおく。豚肉は4cm幅に切る。
2 フライパンに豚肉を入れて強めの中火で熱し、脂が出てきたら大根を加え、1分ほど炒める。Aを加え、蓋をして中火で10分ほど煮込む。
3 水分が多ければ煮詰め、粗びき黒こしょう、バターを加えて混ぜる。器に盛り、好みでパセリをふる。

ジューシーな焼き大根に鶏肉の脂をからめて

大根と鶏肉のステーキ

20分 フライパンひとつ

材料（2人分）

大根…約1/3本（300g）
鶏もも肉…1枚
塩…適量
粗びき黒こしょう…少々
小麦粉…大さじ1/2
A バルサミコ酢…大さじ1
　しょうゆ…大さじ1
　バター…10g
オリーブ油…小さじ1
粗びき黒こしょう…適宜

作り方

1 大根は皮を厚めにむき、4等分の輪切りにする。耐熱皿にのせ、塩小さじ1/3、粗びき黒こしょうをまぶし、軽くラップをして電子レンジで5分加熱し、そのまま1分ほどおく。
2 鶏肉はペーパータオルで水けをしっかり押さえ、厚みを均一にするように開き、余分な脂を取り除いて半分に切り、塩少々、粗びき黒こしょう、小麦粉の順にまぶす。
3 フライパンにオリーブ油を熱し、強めの中火で大根と一緒に鶏肉を皮目から焼きつけ、皮目に焼き色がついたらひっくり返し、蓋をして中火で5分ほど焼く。Aを加え、からめる。器に盛り、好みで粗びき黒こしょうをふる。

ゆずこしょうとマヨネーズがよく合う

大根とかにかまのゆずマヨサラダ

10分 混ぜるだけ

材料（2人分）

大根…約1/3本（300g）
塩…小さじ1/4
かに風味かまぼこ…100g
三つ葉…1/2束
マヨネーズ…大さじ1 1/2
ゆずこしょう…小さじ1/2
白いりごま…大さじ1/2

作り方

1 大根は細いせん切りにし、塩を揉み込み、10分ほどおき、水けを絞る。三つ葉はざく切りにする。かにかまは粗めにほぐす。
2 ボウルにマヨネーズとゆずこしょうを入れてよく混ぜ、1、白いりごまを加えて混ぜる。

調味料 の使い切り Recipe

市販のタレやめんつゆ、ポン酢しょうゆなどの調味料は、使い切れずに冷蔵庫に眠りがち。
一発で味つけが決まるのでいろいろな料理に活用しましょう。

焼き肉の
タレ

ホットプレートを取り出して、家族で焼き肉をするときに必須のタレ。それ以外の使い道は？ と言われると、意外に思いつかないもの。焼き肉のタレには、しょうゆ、砂糖、にんにく、塩、酢、ごま油、香辛料をベースに、りんごなどのピューレも配合されているので、スパイシーな料理にぴったり。スープカレーなどのエスニック料理やビーフライス、スペアリブの煮込みの洋風料理、プルコギなどの韓国料理など、ピリっとして甘辛い料理に使うと簡単に味が決まります。

カレールーを使わずに焼き肉のタレで味が決まる

ごろっごろの
スタミナスープカレー

25分 フライパンひとつ

材料（2人分）

鶏手羽元…6本	カレー粉…大さじ1½
小麦粉…大さじ1½	焼き肉のタレ…¼カップ
玉ねぎ…¼個	バター…10g
赤パプリカ…½個	温かいごはん…2人分
なす…1本	
アスパラガス…2本	

作り方

1 玉ねぎは薄切り、パプリカは縦4等分に切る。なすは半分に切り、皮目に斜めに切り目を入れ、水にさらしてアクを抜き、ペーパータオルで水けを押さえる。アスパラは下半分の皮をピーラーなどで薄くむき、半分に切る。手羽元はペーパータオルで水けを押さえ、皮の薄い面にキッチンバサミで切り目を入れ、小麦粉をしっかりまぶす。

2 フライパンにバターを熱し、中火で手羽元、なす、パプリカ、アスパラを全面焼きつけ、野菜は焼けた順に取り出す。玉ねぎ、カレー粉を加え、手羽元とからめながら炒め、香りが出てきたら焼き肉のタレ、水¾カップを加え、蓋をして5分ほど煮込み、野菜を戻し入れる。

3 器に盛り、ごはんを添える。

これひとつで肉も野菜もとれる

がっつり! 焼き肉風ビーフライス

材料 (2人分)
牛切り落とし肉…150g
玉ねぎ…½個
レタス…¼個
温かいごはん…300g
焼き肉のタレ…大さじ3
バター…10g

作り方

1 牛肉は一口大に切り、焼き肉のタレ大さじ½と和える。玉ねぎは薄切り、レタスは食べやすい大きさにちぎる。

2 フライパンにバターを熱し、牛肉、玉ねぎを強めの中火で炒める。焼き色がついたらごはん、焼き肉のタレ大さじ2½を加え、焼きつけるように3分ほど炒める。火を止め、レタスを加えて混ぜる。

焼き肉のタレが骨つき肉にぴったり

鶏スペアリブと
にんじんの煮込み

材料 (2人分)
鶏手羽中…12本
にんじん…1本
焼き肉のタレ…大さじ3
バター…10g

作り方

1 手羽中はペーパータオルで水けを押さえる。にんじんは長さを3等分に切り、1㎝幅くらいの棒状に切る。

2 フライパンにバターを熱し、中火で手羽中、にんじんを炒め、手羽中に焼き色がついたら蓋をして途中混ぜながら5〜6分焼く。

3 焼き肉のタレを加え、からめるように炒める。

タレを使えば面倒な味つけはなし

プルコギ

材料 (2人分)
牛切り落とし肉…200g
焼き肉のタレ…大さじ3
にんじん…½本
玉ねぎ…¼個
小松菜…2株
しめじ…1パック(100g)
白いりごま…小さじ1
ごま油…大さじ1

作り方

1 しめじは石づきを落としてほぐす。にんじんはせん切り、玉ねぎは薄切り、小松菜は茎を4㎝幅、葉を1㎝幅に切る。牛肉は一口大に切り、焼き肉のタレ大さじ½と和える。

2 フライパンにごま油を熱し、強めの中火で牛肉を炒め、色が変わったらにんじん、しめじを加えて炒める。しんなりしてきたら玉ねぎ、小松菜の茎、焼き肉のタレ大さじ2½を加えて炒める。

3 小松菜の葉、白いりごまを加え、水分を飛ばすように炒める。

めんつゆ

そばやうどん、そうめんを作るときに便利なのが、めんつゆ。だしがしっかり効いていて、しょうゆ、砂糖も配合されているので、煮物や炊き込みごはんの味つけにぴったり。赤唐辛子を加えたり、しょうがを加えたりするとさらにおいしくなります。また、洋風の煮込み料理の隠し味としてもおすすめです。

これ一本で、調味料をいろいろ使う必要なし

鶏肉となすの甘辛煮 おろしかけ

 20分 フライパンひとつで

材料（2人分）
鶏もも肉…1枚
小麦粉…大さじ½
なす…2本
A めんつゆ（3倍濃縮）…大さじ3
　赤唐辛子（輪切り）…½本分
　水…½カップ
サラダ油…小さじ1
大根おろし…⅛本分

作り方
1 鶏肉はペーパータオルで水けを押さえ、厚みを均一にするように切り目を入れ、余分な脂を取り除き、一口大に切り、小麦粉をまぶす。なすは皮を縞目になるように3か所、縦にむき、大きめの乱切りにし、水にさらしてアクを抜き、ペーパータオルで水けを押さえる。
2 フライパンにサラダ油を熱し、強めの中火で鶏肉を皮目から焼き色がつくまで焼きつける。ひっくり返してなすを加え、蓋をして途中なすをひっくり返しながら3分ほど焼く。**A**を加え、落とし蓋をして蓋をし、7〜8分煮込む。
3 器に鶏肉、なすを盛り、大根おろしをのせ、煮汁をかける。

ますますごはんに合う味つけに

和風ハッシュドポーク

15分 フライパンひとつで

材料（2人分）
豚切り落とし肉…200g
玉ねぎ…½個
粗びき黒こしょう…少々
小麦粉…大さじ1½
マッシュルーム缶
　…1缶（90gうち固形50g）
めんつゆ（3倍濃縮）…大さじ2
牛乳…¾カップ
温かいごはん…2人分
バター…15g
パセリ（みじん切り）…少々

作り方
1 玉ねぎは薄切りにする。豚肉は一口大に切り、粗びき黒こしょう、小麦粉大さじ½をまぶす。
2 フライパンにバターを熱し、中火で豚肉を炒め、色が変わったら玉ねぎを加える。しんなりしたら小麦粉大さじ1を加え、全体になじませる。マッシュルーム缶を汁ごと、めんつゆ、牛乳を加え、とろみがつくまで中火で煮詰める。
3 器にごはんを盛り、2をかけ、パセリを散らす。

あさり缶を汁ごと使って簡単調味

深川飯

 10分 炊飯器ひとつで
炊飯時間は除く

材料（2人分）
あさり缶（水煮）
　…2缶（1缶 155gうち固形130g）
しょうが（すりおろし）…小さじ1
長ねぎ…1本
米…2合
めんつゆ（3倍濃縮）…¼カップ

作り方
1 米は洗って、水けをきる。長ねぎは1cm幅の輪切りにする。あさり缶は身と汁を分けておく。
2 炊飯器の内釜に米、あさり缶の汁、めんつゆを入れ、水を2合の目盛りまで注ぎ、長ねぎ、あさり缶の身をのせ、炊飯する。
3 炊き上がったら、しょうがを加え、混ぜる。

ポン酢しょうゆ

ポン酢しょうゆは、レモンやかぼす、ゆずなどの柑橘類の果汁に、だし、しょうゆを加えた市販の調味料。鍋のつけダレだけでなく、さまざまな料理の味つけにもおすすめです。ごま油やオリーブ油と合わせてドレッシングにしたり、すし酢の代わりに使ったり、炒め物、甘酢あんの味つけも簡単にできます。

ポン酢しょうゆで簡単酢飯作り
手こね寿司

  25分 フライパンひとつで

材料（2人分）
かつお（刺身）…1冊（150g）
めんつゆ（3倍濃縮）…大さじ1
青じそ…3枚
紅しょうが…適量
卵…1個
塩…少々
サラダ油…適量
熱々のごはん…300g
ポン酢しょうゆ…大さじ1½
白いりごま…大さじ½〜
紅しょうが…適量

作り方
1 かつおはペーパータオルで水けをしっかり押さえ、1cm幅に切り、めんつゆと和える。青じそは縦半分に切り、細いせん切りにする。
2 卵は塩を加えて溶き、サラダ油を熱したフライパンに薄く広げ、弱火で両面を焼く。細く切って錦糸卵を作る。
3 ごはんにポン酢、白いりごま大さじ½、青じその半量を混ぜて冷ます。器に盛り、錦糸卵、かつおの順にのせ、紅しょうが、残りの青じそをちらし、白いりごま適量をかける。

コクがあるのにさっぱり食べられる
さっぱり鶏肉のバタポン

15分 フライパンひとつで

材料（2人分）
鶏もも肉…1枚
トマト…1個
塩…小さじ¼
粗びき黒こしょう…少々
小麦粉…大さじ½
ポン酢しょうゆ…大さじ2
バター…10g

作り方
1 トマトは1.5cm角に切る。鶏肉はペーパータオルで水けをしっかり押さえ、包丁で切り目を入れて厚みを均一にするように開き、余分な脂を取り除く。6等分に切り、塩、粗びき黒こしょう、小麦粉をまぶす。
2 フライパンにバターを熱し、強めの中火で鶏肉を皮目から焼き色がつくまで焼く。ひっくり返して蓋をし、中火で5分ほど焼き、器に盛る。
3 同じフライパンにトマト、ポン酢を入れて強火でひと煮立ちさせ、鶏肉にかける。

柑橘の香りが鮭をさわやかに
鮭の甘酢あんかけ

  10分 フライパンひとつで

材料（2人分）
生鮭（切り身）…2切れ
片栗粉…大さじ1
A 万能ねぎ（小口切り）…3本分
　ポン酢しょうゆ…大さじ2
　しょうが（すりおろし）
　　…小さじ½
　はちみつ…大さじ1
　水…大さじ2
ごま油…小さじ1

作り方
1 鮭はペーパータオルで水けをしっかり押さえ、片栗粉をまぶす。Aはよく混ぜておく。
2 フライパンにごま油を熱し、中火で鮭を盛りつける面から焼きつける。ひっくり返して蓋をし、3分ほど焼き、器に盛る。
3 同じフライパンにAを入れて強火でひと煮立ちさせ、鮭にかける。

179

181

レシピ作成・調理・スタイリング
上島亜紀(かみしま・あき)

料理家・フードコーディネーター&スタイリストとしてメディア
や女性誌を中心に活躍。企業のレシピ監修、提案も行う。パン講
師、食育アドバイザー、ジュニア・アスリートフードマイスター
取得。簡単に作れる日々の家庭料理を大切にしながら、主宰する
料理教室「A's Table」では、楽しくて美しいおもてなし料理を提
案。著書に『一皿で栄養がとれる　やせる最強スープ』(ナツメ社)、
『「また作って!」と言われる　おかわりおかず』(池田書店)、『電
気圧力鍋で朝ラクラク弁当』(主婦の友社)などがある。

Staff

撮影	田中宏幸
デザイン	矢﨑進　森尻夏実　大類百世　多田菜穂子　相馬和弥(大空出版)
イラスト	Tomatomayo
調理アシスタント	柴田美穂
編集協力／執筆協力	丸山みき(SORA企画)
編集アシスタント	大森奈津　大西綾子(SORA企画)
編集担当	遠藤やよい(ナツメ出版企画)

本書に関するお問い合わせは、書名・発行日・該当ページを明記の上、
下記のいずれかの方法にてお送りください。電話でのお問い合わせはお受けしておりません。
● ナツメ社webサイトの問い合わせフォーム　https://www.natsume.co.jp/contact
● FAX　(03-3291-1305)
● 郵送(下記、ナツメ出版企画株式会社宛て)
なお、回答までに日にちをいただく場合があります。正誤のお問い合わせ以外の
書籍内容に関する解説・個別の相談は行っておりません。あらかじめご了承ください。

ナツメ社Webサイト
https://www.natsume.co.jp
書籍の最新情報(正誤情報を含む)は
ナツメ社Webサイトをご覧ください。

まとめ買い&使い切り! ラクうまレシピ350

2023年3月7日　初版発行

著　者	**上島亜紀**	©Kamishima Aki,2023
発行者	**田村正隆**	

発行所　**株式会社ナツメ社**
　　　　東京都千代田区神田神保町1-52　ナツメ社ビル1F(〒101-0051)
　　　　電話 03-3291-1257(代表)　FAX 03-3291-5761
　　　　振替 00130-1-58661

制　作　**ナツメ出版企画株式会社**
　　　　東京都千代田区神田神保町1-52　ナツメ社ビル3F(〒101-0051)
　　　　電話 03-3295-3921(代表)

印刷所　**大日本印刷株式会社**

ISBN978-4-8163-7342-8　　　　　　　　　　　　　　　　　　Printed in Japan

〈定価はカバーに表示してあります〉〈乱丁・落丁本はお取り替えします〉
本書の一部または全部を著作権法で定められている範囲を超え、ナツメ出版企画株式会社に無断で複写、複製、転載、
データファイル化することを禁じます。